劳动教育理论与实践项目化教程

主　编　于立辉　刁其恩　洪景彦
副主编　李铁波　侯国君　孙艳波
　　　　徐文富

东北师范大学出版社
长　春

图书在版编目（CIP）数据

劳动教育理论与实践项目化教程 / 于立辉，刁其恩，洪景彦主编. — 长春 ：东北师范大学出版社，2020.6
ISBN 978 - 7 - 5681 - 6936 - 3

Ⅰ. ①劳… Ⅱ. ①于… ②刁… ③洪… Ⅲ. ①劳动教育－中等专业学校－教材 Ⅳ. ①G40 - 015

中国版本图书馆 CIP 数据核字(2020)第106908号

□策划编辑：刘旻斐
□责任编辑：张　怡　□封面设计：赵　静
□责任校对：高自怡　□责任印制：许　冰

东北师范大学出版社出版发行
长春净月经济开发区金宝街 118 号（邮政编码：130117）
电话：010－82893515
传真：010－82896571
网址：http：//www.nenup.com
东北师范大学出版社激光照排中心制版
吉林市海阔工贸有限公司印装
吉林市恒山西路花园小区 6 号楼（邮政编码：132013）
2020 年 6 月第 1 版　2022 年 8 月第 6 次印刷
幅面尺寸：185 mm×260 mm　印张：11.25　字数：240 千

定价：34.80 元

前言

党的十八大以来，习近平总书记在充分继承马克思主义劳动观和中华优秀传统文化的基础上，多次围绕“中国梦”“劳动”“劳动者”“劳模精神”等内容进行深刻阐述，内涵丰富、思想深邃，为决胜全面建成小康社会，夺取新时代中国特色社会主义伟大胜利，实现中华民族伟大复兴的中国梦，提供了强大的思想引领和精神支撑。

2020年3月，中共中央、国务院发布《关于全面加强新时代大中小学劳动教育的意见》指出，要以习近平新时代中国特色社会主义思想为指导，全面贯彻党的教育方针，落实全国教育大会精神，坚持立德树人，坚持培育和践行社会主义核心价值观，把劳动教育纳入人才培养全过程，贯通大中小学各学段，贯串家庭、学校和社会各方面。

本书分理论模块和实践模块两大部分。理论模块部分，既有对新时代职业院校劳动价值观的理论分析，又有职业院校劳动教育的工作职责和实施手段；既有相关知识带领学校认知劳动教育的发展历程，又有新时代职业院校学生的基础劳动教育课的落实和实施；同时将“工匠精神”专题教育纳入教材内容，引导学生建立起正确的劳动实践观和价值观。实践模块部分，从新时代职业院校的社会实践出发，到开展校园实践；从开展农业劳动实践，到开展工业劳动实践，再到建立健全劳动教育与实践机制，均顺应了新时代劳动教育的要求，从新时代教育形势出发，结合当代学生心理和生理特征，全面而系统地阐述劳动教育理论及实践知识。

《周易》中说：“天行健，君子以自强不息。”自强不息是中华民族的优良传统，也是改善民生、创造人民幸福生活的重要保证。正如习近平总书记指出的，“人世间的一切幸福都需要靠辛勤的劳动来创造”。从一定意义上说，学生道德品行的养成、奋斗精神的培养始于劳动教育。引导学生在成长过程中能辛勤劳动并以此为荣，树立“劳动最光荣、劳动最崇高、劳动最伟大、劳动最美丽”的信念，这是劳动教育的重点与方向。在本书的设计中，我们鼓励学生主动劳动，践行“立德树人”的根本任务，将“思政育人”渗透到教材的方方面面，通过日积月累的点滴劳动塑造学生正确的人生观、价值观。在教学中，我们以体验式教学让学生感悟自身的成长与变化，理解辛勤劳动对于丰富和发展自我的重要性，激发学生在未来学习生活中努力奋进、自主追求与实现梦想的勇气。

本书根据中共中央、国务院发布的《关于全面加强新时代大中小学劳动教育的意见》精神，配备《劳动实践指导手册》，供广大师生实践使用。

由于编者水平有限，书中难免存在一些不足之处，敬请广大读者批评指正。

目录

全书资源
扫码直达

模块一　理论知识篇

项目一　认知劳动教育 …… 3
任务一　劳动教育的概念和内容 …… 5
任务二　劳动教育的目标与意义 …… 8
任务三　劳动教育的实现途径与评价方法 …… 12
项目二　学习新时代职业院校学生的劳动价值观 …… 17
任务一　树立马克思主义的劳动价值观和幸福观 …… 19
任务二　严密组织劳动实践，落实劳动责任 …… 23
项目三　职业院校劳动教育的工作职责和实施手段 …… 27
任务一　学校组织机构及工作职责 …… 29
任务二　劳动教育的实施路径 …… 33
项目四　了解中国劳动教育的发展历程 …… 41
任务一　中国传统文化 …… 43
任务二　中国传统劳动教育 …… 45
任务三　新中国劳动教育发展进程 …… 49
任务四　新时代劳动教育的使命——立德树人 …… 54
项目五　匠心筑梦——传承新时代工匠精神 …… 61
任务一　工匠精神的内涵与来源 …… 63
任务二　工匠精神的当代意义 …… 66
任务三　铭记新时代劳模精神 …… 70
项目六　新时代职业院校学生的基础劳动教育课的落实和实施 …… 75
任务一　课程概述 …… 77
任务二　理论教学内容和基本要求 …… 80
任务三　劳动实践教育课程内容与要求 …… 85
任务四　职业院校基础劳动教育的发展趋势 …… 88

模块二　实践技能篇

项目七　新时代职业院校学生的社会实践 …… 93

任务一　社会实践的概念和意义 …… 95

任务二　劳动教育与社会实践相结合的途径 …… 98

任务三　社会实践报告的写法 …… 101

项目八　开展校园劳动实践 …… 105

任务一　室内保洁内容与要求 …… 107

任务二　室外保洁内容与要求 …… 111

项目九　义务劳动 …… 115

任务一　义务劳动的含义和意义 …… 117

任务二　义务劳动在德育方面的意义 …… 120

任务三　养成奉献精神 …… 125

项目十　开展农业劳动实践 …… 129

任务一　了解中国农耕文明 …… 131

任务二　认知可持续发展的意义 …… 134

任务三　了解有机农业和循环经济的模式 …… 137

项目十一　开展工业劳动实践 …… 145

任务一　了解中国近代工业发展历程 …… 147

任务二　中国工业的组成部分 …… 150

任务三　培养科技创新 …… 156

项目十二　建立健全劳动教育安全机制 …… 161

任务一　做好劳动安全教育，增强劳动安全意识 …… 163

任务二　严密组织劳动实践，落实劳动安全责任 …… 167

任务三　完善劳动安全预案，确保劳动安全有序 …… 169

参考文献 …… 174

熟悉劳动法律法规

模块一

理论知识篇

项目一

认知劳动教育

项目导言

劳动教育，是指使学生树立正确的劳动观点和劳动态度，热爱劳动和劳动人民，养成劳动习惯的教育，是人德智体美劳全面发展的主要内容之一。

项目描述

某职业院校想组织一次关于劳动教育主题的学习活动，让学生理解劳动教育的概念和内容，认识劳动教育的目标与意义，掌握劳动教育的实现途径与评价方法。如果你是该校学生会的负责人，你会怎样组织同学们开展该项活动呢？

教学目标

知识目标：初步认识劳动教育，了解劳动教育的概念、目的、意义
能力目标：了解劳动教育的实施手段和评价方法
情感目标：理解劳动教育在当代中国社会的重要性

教学任务

任务一　劳动教育的概念和内容
任务二　劳动教育的目标与意义
任务三　劳动教育的实现途径与评价方法

建议学时

2 课时

任务一 劳动教育的概念和内容

1.1.1 任务描述

劳动教育宣传片

通过对本任务的学习，学生认识劳动教育的概念和内容。

1.1.2 任务分析

劳动教育是学校教育的一个重要组成部分。重视劳动教育能让学生树立起劳动创造人类、劳动创造世界的观点，珍惜劳动成果，爱护公共财物，陶冶情操，培养健康心理，养成热爱劳动的习惯，提升自理自护能力和创新精神。

1.1.3 任务实施

一、劳动的概念

劳动是人们改变劳动对象，使之适合自己需要的有目的的活动，即劳动力的支出。劳动是人类社会生存和发展的基础。它主要是指人们在生产物质资料过程中的一种付出劳动力并能够对外输出劳动量或劳动价值的人类活动。劳动是人们在社会生活中维持自我生存和发展的唯一手段。

按照传统的劳动分类理论，劳动可分为脑力劳动和体力劳动两大类。人的内在存在主要矛盾即人的意识主体与生命本体间的矛盾，人的任何行为都是这对矛盾的外在化，都是它们的综合性结果。马克思将劳动定义为“劳动首先是人和自然之间的过程，是人的自身的活动来引起、调整和控制人和自然之间的物质交换的过程”。国内外哲学、政治经济学、法学等诸多领域的学者都对“劳动”这一概念进行过阐述。《现代高级英汉双解词典》中对它的解释为“劳动是心或身之劳作”。劳动是指人们使用一定的劳动工具作用于一定的劳动对象，创造某种使用价值或效用以满足人类自身需要的有目的的活动。

总而言之，劳动是人们为了创造使用价值以满足物质和精神需要而对体力与脑力的耗费。

二、劳动教育的概念

劳动教育是让学生树立正确的劳动观点和劳动态度，热爱劳动和劳动人民，养成劳动习惯的教育，是人德智体美劳全面发展的主要内容之一。

三、劳动教育的内容

1. 使学生树立正确的劳动观点，懂得劳动的伟大意义。

了解人类的历史首先是生产发展的历史，是劳动人民创造的历史；懂得辛勤的劳动是建设社会主义和共产主义的根本保证；明确劳动是公民的神圣义务和权利；懂得轻视体力劳动和体力劳动者，是数千年来剥削阶级的思想残余；懂得把脑力劳动同体力劳动相结合的重要意义。

2. 培养学生热爱劳动和劳动人民的情感。

养成劳动的习惯，养成“以劳动为荣，以懒惰为耻”的品质；抵制好逸恶劳、贪图享受、不劳而获、奢侈浪费等不良行为的影响。

3. 学习是学生的主要劳动，教育学生从小勤奋学习，将来担负起艰巨的建设任务，并教育学生正确对待升学、就业和分配等问题。

劳动教育还要通过生产劳动和公益劳动等来实施。学生在校期间，要按照教学计划的规定，适当参加劳动。

1.1.4 任务总结

劳动教育要抓好宣传和思想教育工作，学校教师要树立“培养学生劳动意识，提高学生劳动技能”的思想；还应把劳动教育与公民道德建设教育融合起来，培养学生劳动创造世界、珍惜劳动成果、热爱劳动以及集体主义精神和科研探索精神，增强学生的责任感，开展诚信教育，在劳动教育中培养学生健康的心理和高尚的情操、诚实的品格。

1.1.5 相关知识

中共中央 国务院
《关于全面加强新时代大中小学劳动教育的意见》（节选）

关于全面加强新时代大中小学劳动教育的意见

为构建德智体美劳全面培养的教育体系，现就加强新时代大中小学劳动教育提出如下意见：

一、充分认识新时代培养社会主义建设者和接班人对加强劳动教育的新要求

（一）重大意义。劳动教育是中国特色社会主义教育制度的重要内容，直接决定社会主义建设者和接班人的劳动精神面貌、劳动价值取向和劳动技能水平。长期以来，各地区和学校坚持教育与生产劳动相结合，在实践育人方面取得了一定成效。同时要看到，近年来一些青少年中出现了不珍惜劳动成果、不想劳动、不会劳动的现象，劳动的独特育人价值在一定程度上被忽视，劳动教育正被淡化、弱化。对此，全党全社会必须高度重视，采取有效措施切实加强劳动教育。

（二）指导思想。以习近平新时代中国特色社会主义思想为指导，全面贯彻党的教育方针，落实全国教育大会精神，坚持立德树人，坚持培育和践行社会主义核心价值观，把劳动教育纳入人才培养全过程，贯通大中小学各学段，贯串家庭、学校、社会各方面，与德育、智育、体育、美育相融合，紧密结合经济社会发展变化和学生生活实际，积极探索具有中国特色的劳动教育模式，创新体制机制，注重教育实效，实现知行合一，促进学生形成正确的世界观、人生观、价值观。

（三）基本原则。

——把握育人导向。坚持党的领导，围绕培养担当民族复兴大任的时代新人，着力提升学生综合素质，促进学生全面发展、健康成长。把准劳动教育价值取向，引导学生树立正确的劳动观，崇尚劳动、尊重劳动，增强对劳动人民的感情，报效国家，奉献社会。

——遵循教育规律。符合学生年龄特点，以体力劳动为主，注意手脑并用、安全适度，强化实践体验，让学生亲历劳动过程，提升育人实效性。

——体现时代特征。适应科技发展和产业变革，针对劳动新形态，注重新兴技术支撑和社会服务新变化。深化产教融合，改进劳动教育方式。强化诚实合法劳动意识，培养科学精神，提高创造性劳动能力。

——强化综合实施。加强政府统筹，拓宽劳动教育途径，整合家庭、学校、社会各方面力量。家庭劳动教育要日常化，学校劳动教育要规范化，社会劳动教育要多样化，形成协同育人格局。

——坚持因地制宜。根据各地区和学校实际，结合当地在自然、经济、文化等方面条件，充分挖掘行业企业、职业院校等可利用资源，宜工则工、宜农则农，采取多种方式开展劳动教育，避免“一刀切”。

参考自：新华社

1.1.6 任务拓展训练

开展与劳动教育相关的主题活动，如“寻找最美身边人”(从自己身边寻找热爱劳动的人物，如同学、老师、亲人、经常光顾的小吃店店主、校园里的清洁工阿姨或叔叔、食堂阿姨等)，歌颂、赞美普通人的劳动事迹，让劳动成为人人可行的小事，让劳动贯串我们的生活。

任务二 劳动教育的目标与意义

1.2.1 任务描述

今天的劳动教育已成为较受忽视的教育。据调查，72%的学生认识到体力劳动和脑力劳动都是劳动，56.2%的学生认为社会上没有最低贱的劳动，但只有6.8%的学生愿意将来做一个有技术的工人或农民。随着学段的升级，这个比例呈下降趋势，可见现实情况并不乐观。

1.2.2 任务分析

劳动教育是学校教育的基础目标之一。进入21世纪，由于经济、社会、文化和信息技术的飞速发展，劳动形态出现了许多新的变化，导致人们对“创造社会物质财富和精神财富”根源的认识产生了偏差。为了改变这一状况，我们需要深化对劳动教育目标和意义的理解，发挥好劳动教育树德、增智、健体、育美、创新的综合育人价值。

1.2.3 任务实施

一、劳动教育的目标

1. 劳动教育的总体目标

中共中央、国务院《关于全面加强新时代大中小学劳动教育的意见》（以下简称《意见》）中指出，要明确劳动教育总体目标。通过劳动教育，学生能够理解和形成马克思主义劳动观，牢固树立劳动最光荣、劳动最崇高、劳动最伟大、劳动最美丽的观念；体会劳动创造美好生活，体认劳动不分贵贱，热爱劳动，尊重普通劳动者，培养勤俭、奋斗、创新、奉献的劳动精神；具备满足生存发展所需要的基本劳动能力，形成良好的劳动习惯。

针对一些青少年中出现的不珍惜劳动成果、不想劳动、不会劳动的现象，《意见》从思想认识、情感态度、能力习惯三个方面面向全体学生提出了劳动教育目标，突出强调劳动教育的思想性。

2. 新时代中等职业院校劳动教育目标

新时代中等职业院校劳动教育要以全面提升大学生劳动素养为主要关注点。劳动教育一直被视为促进人全面发展的重要途径，新时代中等职业院校劳动教育也应充分发挥好劳动教育树德、增智、健体、育美、创新的综合育人价值。但同时要意识到，劳动教育之所以会取得与德智体美育并举的地位，根本原因在于其有自身独特的育人任务——提升学生的劳动素养。中等职业院校劳动教育的三大任务领域——劳动思想教育、劳动技能培育、劳动实践锻炼的根本着眼点正是大学生劳动素养的全面提升。

中等职业院校应着力培育弘扬劳动精神、劳模精神和工匠精神，将劳动教育纳入人才培养方案，融入学校教学全过程；要开设劳动教育必修课程，以实习实训课为主要载体开展劳动教育，其中劳动精神、劳模精神、工匠精神专题教育不少于 16 学时；

还应安排组织学生开展形式多样的劳动实践活动；要联合中小学开展劳动和职业启蒙教育，将动手实践内容纳入相关课程和学生综合素质评价，引导学生形成劳动光荣、技能宝贵、创造伟大的观念。

二、劳动教育的意义

1. 劳动教育的总体意义

习近平总书记在全国教育大会上指出，“培养德智体美劳全面发展的社会主义建设者和接班人”，“要在学生中弘扬劳动精神，教育引导学生崇尚劳动、尊重劳动，懂得劳动最光荣、劳动最崇高、劳动最伟大、劳动最美丽的道理，长大后能够辛勤劳动、诚实劳动、创造性劳动”。这些重要论述，高扬劳动教育的旗帜，丰富和发展了党的教育方针，具有重大的时代价值和鲜明的现实针对性，也对高校提出了加强劳动教育的新任务、新课题。

开展劳动教育，是坚持和发展马克思主义唯物史观的客观需要；是构建德智体美劳全面培养的教育体系、形成更高水平的人才培养体系的必然要求；是富国强民、建设高素质劳动者大军的必要举措；是新时代加强大学生思想政治教育的应有之义。

2. 加强新时代职业院校劳动教育的重要意义

马克思主义认为，劳动是指人们为了实现自身全面自由发展而进行的有目的、有意识的活动，劳动创造了人本身和对象世界，唯物史观正是“在劳动发展史中找到了理解全部社会史的锁钥”。习近平总书记从马克思主义劳动观和唯物史观出发，指出“劳动是人类的本质活动，劳动光荣、创造伟大是对人类文明进步规律的重要诠释”。其中，“尊敬劳动模范”“弘扬工匠精神”“建设知识型、技能型、创新型劳动者大军”等重要论述包含着对劳动价值的科学阐发。《国家职业教育改革实施方案》进一步贯彻深化了这些重要论述，提出新时代职业教育人才培养目标在于着力培养高素质劳动者和技术技能人才。从这些重要论述和文件精神来看，劳动教育是职业教育的应有之义，并体现在职业教育的全过程。

劳动教育是什么

劳动教育与职业教育密不可分，并同德育、智育、体育、美育相辅相成，有机联系。可以说，离开了劳动就不可能有真正的职业教育，甚至可以说职业教育是最完整的劳动教育。经过多年实践育人的积累，职业院校拥有开展劳动教育最为丰富的实践操作资源与师资教学优势，不论从人才培养方案、劳动课程设置、教学组织方式、校园文化建设等育人形式上看，还是从校企合作、产教融合对劳动理论与实践资源的整合来讲，职业院校通过劳动实践培育学生的劳动精神、提高学生的技术技能，较为全面地发挥了新时代劳动教育树德、增智、强体、育美的综合育人作用。同时要看到，劳动教育在职业院校中还需要进一步明确和强化，我们不能简单地用技术技能培养代替劳动教育，而应当通过专门的劳动课程让学生明白劳动的价值和意义，进而提高学习技术技能的自觉性。

1.2.4 任务总结

社会在发展，时代在变化，劳动及劳动教育的内容和形式当然需要紧跟时代发展的步伐。但是，劳动依然是人类社会赖以生存和发展的基础，劳动教育依然是立德树人的基本内涵之一。新时代的社会特征反映在教育上，主要表现为对专业知识和高精技术的需求。基础教育的课程越来越偏重知识和技术教育，是适应社会发展的必然趋势。新时代的劳动教育更应强调劳动观念、劳动意识和劳动习惯的培养。学校教育需要把握学生在未来工作和生活中必备的基本劳动素养、基本劳动品质和基本劳动习惯，通过学校的实践活动让学生充分体验劳动过程，培养学生成为尊重劳动、热爱劳动和以劳动为荣的社会公民。

1.2.5 相关知识

劳动教育的最终目的

——让孩子有幸福生活的能力（节选）

劳动即教育，劳动的缺失即教育的缺失。教师凌宗伟回忆他的学生，因为对劳动的不同观念导致后面的人生处境也截然不同。

“我曾有两个学生，他们来自相同的初中，家长也在镇上同一个机关工作，但两家的家庭教育似乎差别很大。

同样是做楼梯卫生，其中一个学生是先用湿拖把将楼梯拖干净，再用干拖把抹一遍。而另一个学生拖地时有气无力，只把明显脏的地方拖一遍。我问他为什么不把每一块地砖都擦一遍，他满不在乎地说，这样就可以了。

我仔细留意了这两个学生，发现他们做每一件事情的态度都和拖地一样。认真拖地的那个学生不仅学习成绩好，而且人缘好，后来考上了自己心仪的大学，参加工作以后也很受单位好评。另一个学生尽管学习成绩也不错，但沟通能力较差，处事马虎，参加高考时因疏忽漏填答题卡，与向往的大学失之交臂。”

是什么让学生的身体躺在了书本中？

我们对劳动教育中“劳动”概念的理解过于窄化。

1.2.6 任务拓展训练

组织实际的劳动实践活动，比如杜威和陶行知所主张的烹饪、缝纫、家用电器维修、农作物种植与培管、小制作、小发明等，让劳动教育回归到实际的生活中。通过与实际生活密切相关而又力所能及的实际操作，劳动教育回归到实际生活中，将自我成长与生活紧密地联系起来，体会劳动是如何激活我们的创造力、唤醒我们的生命力的。

任务三　劳动教育的实现途径与评价方法

1.3.1 任务描述

中央全面深化改革委员会审议通过的《关于全面加强新时代大中小学劳动教育的意见》（以下简称《意见》）进一步强调了坚持立德树人，把劳动教育纳入人才培养全过程。如何发挥家庭的基础作用、学校的主导作用、社会的支持作用是值得我们在学习中深入讨论的问题。

1.3.2 任务分析

评价是我们整个劳动教育实施环节的重要一环。对学生来讲，要注重劳动素养的评价；对学校来讲，要强化教育督导和质量评估。

1.3.3　任务实施

一、劳动教育的实现途径

要充分发挥家庭、学校、社会的作用，从这三种途径对学生进行劳动教育。

家庭要发挥在劳动教育中的基础作用。注重抓住衣食住行等日常生活中的劳动实践机会，鼓励孩子自觉参与、自己动手，随时随地、坚持不懈地进行劳动，掌握洗衣做饭等必要的家务劳动技能；鼓励学校（家委会）和社区等组织开展学生生活技能展示活动；学生参加家务劳动和掌握生活技能的情况要按年度记入学生综合素质档案；鼓励孩子利用节假日参加各种社会劳动；家庭要树立崇尚劳动的良好家风，家长要通过日常生活中的言传身教，潜移默化地教育学生。

学校要发挥在劳动教育中的主导作用。学校要切实承担劳动教育的主体责任，明确实施机构和人员，开齐开足劳动教育课程，不得挤占、挪用劳动实践时间；明确学校劳动教育要求，着重引导学生形成马克思主义劳动观，系统学习掌握必要的劳动技能；根据学生身体发育情况，科学设计课内外劳动项目，采取灵活多样的形式，激发学生劳动的内在需求和动力；统筹安排课内外时间，可采用集中与分散相结合的方式；组织实施好劳动周，高等学校要组织学生走向社会，以校外劳动锻炼为主。

社会要发挥在劳动教育中的支持作用。充分利用社会各方面资源，为劳动教育提供必要保障；各级政府部门要积极协调和引导企业公司、工厂农场等组织履行社会责任，开放实践场所，支持学校组织学生参加力所能及的生产劳动，参与新型服务性劳动，让学生与普通劳动者一起经历劳动过程；鼓励高新企业为学生体验现代科技条件下劳动实践新形态、新方式提供支持；工会、共青团、妇联等群体组织以及各类公益基金会、社会福利组织要组织动员相关力量、搭建活动平台，共同支持学生深入城乡社区、福利院和公共场所等参加志愿服务，开展公益劳动，参与社区治理。

二、评价方法

针对各方面积极性不高、内在动力不足的问题，《意见》侧重从两个方面建立健全劳动教育激励机制。

一是健全学生劳动素养评价制度。组织开展劳动技能和劳动成果展示、劳动竞赛等活动，激发学校和学生的积极性；将劳动实践过程和结果纳入学生综合素质评价体系，建立公示、审核制度，确保真实可靠；把劳动素养评价结果作为评优、评先的重要参考和毕业依据，作为高一级学校招生录取的重要参考或依据，使劳动教育

教育部劳动教育将纳入必修课，评价方式正在研究

评价硬起来。《意见》提出“全面客观记录课内外劳动过程和结果”，强调既要记录结果，也要记录劳动过程中的关键表现，但也不是事事都记。

二是加强督导检查和质量评估。把劳动教育纳入教育督导体系，完善督导办法；劳动教育督导结果向社会公开，并作为被督导部门主要负责人考核奖惩的依据；探索建立劳动教育质量监测制度，推动劳动教育过程的反馈和改进。

1.3.4 任务总结

劳动教育绝不是一项简单的专题教育，它是社会主义教育制度的重要内容。劳动教育不是把学生领到劳动场所简单劳动，更不是简单娱乐，要有基本理论知识的教育，注重实现途径的优化，健全劳动教育激励机制。

1.3.5 相关知识

家庭劳动教育勿窄化为做家务

将家庭劳动教育简单理解为做家务，或者在论述家庭劳动教育开展途径时只提及做家务，即将家庭劳动教育直接与要求儿童做家务画等号并不合理，它对家庭劳动教育的开展有诸多消极影响。

窄化家庭劳动教育的内涵，造成劳动教育形式单一。劳动教育即劳动、生产、技术和劳动素养方面的教育，旨在培养孩子的劳动观念、劳动态度、劳动习惯，是父母对子女进行的劳动技能和劳动情感的教育，形式也应该多样。

父母缺位，忽视家庭劳动的育人价值。如果仅仅认为是做家务，将导致只劳不教的问题。除了机械地布置家务外，家长缺少对子女家庭劳动的合理引导，没有互动帮

助，更不会在家务劳动结束后进行亲子交流，忽视了教育的功能与内涵。

家庭劳动教育的范围缩小，致使教育资源使用不足。父母对子女实施教育的场所不仅局限于家庭内部，还应包括社区、公共场所等。家庭内部的教育资源毕竟有限，家庭周围的田间、工厂和社区公共场所都能成为家庭劳动教育的资源。

父母自身要养成尊重劳动、热爱劳动的观念和行为。不少父母为了让子女认真学习，经常会说："不好好学习，以后就去扫大街。"这种话实质上反映了家长对劳动的鄙夷，子女也会受影响。还有一些父母较为懒惰，实难奢望能教育出爱劳动的子女。

让孩子通过游戏在愉快的氛围中进行家庭劳动锻炼。游戏的形式会使亲子在劳动中有更多积极有效的互动，孩子也更容易在劳动中收获快乐和成就感，感到劳动是生活的需要，而不是外界强加的负担。

父母可以带子女走出家庭，在所住小区、社区甚至社会中进行劳动教育。农村家庭，父母可以带子女一起去田间劳作，一起播种、锄草和采摘，帮助他们掌握一定的劳动知识和技能。城市家庭，父母可以和子女一起打扫小区卫生，在马路上捡垃圾等，这样既有助于孩子公共道德的养成，也培养了他们的劳动习惯和能力。

参考自：中国教育新闻网

1.3.6 任务拓展训练

参与一次家庭劳动或社区劳动，与家庭成员或社区成员相互交流劳动实践心得，体会劳动人员们的相互支持以及自己的劳动对家庭和社会有什么影响，深入理解不同途径的劳动教育有什么异同。

项目小结

《关于全面加强新时代大中小学劳动教育的意见》明确指出，劳动教育是社会主义教育制度的重要内容。因此，劳动教育绝不是一项简单的专题活动。劳动教育形式上不能"一刀切"，要宜农则农、宜工则工，达到劳动教育的目的最为重要。劳动是措施、是载体，主要是要通过劳动达到劳动教育的目的，培养学生们正确的世界观、人生观和价值观，弘扬劳动精神，形成对劳动的正确态度和看法，养成热爱劳动的习惯。

拓展提高

关于劳动的名言

1. “一劳永逸”的话，有是有的，而“一劳永逸”的事却极少。

——鲁迅

2. 做事，不止是人家要我做才做，而是人家没要我做也争着去做。这样，才做得有趣味，也就会有收获。

——谢觉哉

3. 只有在新的社会条件下劳动才能从繁重的负担转变成轻松而愉快的生理要求的满足。

——车尔尼雪夫斯基

4. 只有人的劳动才是神圣的。

——高尔基

5. 知识是从刻苦劳动中得来的，任何成就都是刻苦劳动的结果。

——宋庆龄

想一想：

1. 你知道哪些与劳动有关的名言或诗句吗？
2. 你认为劳动教育在当代社会有必要吗？为什么？

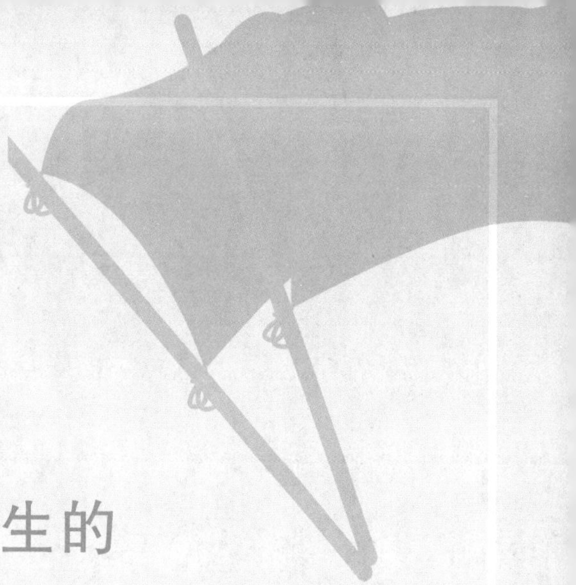

项目二

学习新时代职业院校学生的劳动价值观

项目导言

劳动价值观是马克思主义的基本观点。马克思认为，劳动不仅是谋生的手段，更是通向客观世界与主观世界的媒介，也是实现人性至美至善、彻底自由的必由之路。

项目描述

某班开展了关于劳动价值观的主题班会，同学们展开了关于劳动价值观的讨论。你认为作为当代青年应该具有哪些劳动价值观？劳动与我们的幸福生活有着怎样的关系？

教学目标

知识目标：理解什么是马克思主义的劳动价值观

能力目标：懂得如何落实劳动责任，怎样做好劳动安全卫生教育

情感目标：理解树立正确的劳动价值观对新时代职业院校学生的重要性

教学任务

任务一　树立马克思主义的劳动价值观和幸福观

任务二　严密组织劳动实践，落实劳动责任

建议学时

2 课时

任务一　树立马克思主义的劳动价值观和幸福观

2.1.1　任务描述

回归本质，形成尊重劳动的价值观

劳动人民是国家的主人，是革命斗争的主力军。热爱劳动是无产阶级的美德，学生要经常参加力所能及的劳动来了解社会，了解在社会主义社会劳动人民的主人翁地位和作用。树立正确的劳动态度，克服“一切向钱看”“一切为了钱”的错误价值观。在劳动中体验劳动人民的思想感情，珍惜劳动成果，爱惜公共财物，尊重劳动人民，向工农学习；通过劳动，掌握劳动技能，养成劳动习惯，树立“勤俭节约光荣、挥霍浪费可耻”的观念和风尚。

2.1.2　任务分析

劳动是学习的工具，劳动是教育的手段，劳动是一切知识的源泉。劳动价值作为一种观念是在潜移默化中养成的。为了让马克思主义劳动价值观进入学生的头脑，需要他们从身边的小事做起。教师要通过一系列劳动故事和人物主题，向学生传递正向劳动价值，结合各专业所学知识，寻找本行业劳动模范，举行相关主题活动，积极践行马克思主义的劳动价值观和幸福观。

2.1.3 任务实施

一、马克思主义劳动价值观以及马克思主义劳动价值观在中国的发展

劳动价值观是马克思主义的基本观点。马克思认为，劳动不仅是谋生的手段，更是通向客观世界与主观世界的媒介，也是实现人性至美至善、彻底自由的必由之路。马克思主义经典作家的劳动价值观，主要涉及对劳动的实然价值与应然价值的探讨以及对劳动的价值的选择性彰显的社会制度原因的探讨。

而由于时代局限以及马恩所处时期的历史任务不同，如何在现实的社会主义社会践行马克思主义劳动价值观，辩证处理劳动的谋生价值与人文价值的关系，这是马克思、恩格斯没有也不可能探讨的问题。

作为伟大的马克思主义者和中国特色社会主义理论的主要创立者，邓小平在继承的基础上发展了马克思主义劳动价值观。这种发展主要体现在：追求劳动者的自由与解放是社会主义的本质；追求劳动者解放首先要把发展生产力作为国策；改革就是解放生产力和解放劳动者；尊重差异；通过科教来逐步消除劳动者劳动能力的差别。

党的十八大以来，习近平总书记在继承的基础上又进一步丰富和发展了马克思主义劳动价值观，提出了一些具有代表性的基本观点。

（一）劳动正价值的表现，包括：

1. 劳动两源泉说，即劳动是财富源泉和幸福源泉。

2. 三类劳动统一说，即辛勤劳动、诚实劳动和创造性劳动三位一体。

3. 诚实劳动三大价值说，即实现美好梦想、破解发展难题、铸就人生辉煌。

4. 劳动的民族价值说，即劳动创造民族存在、民族历史、民族未来。

（二）劳动价值观的特性。

习近平认为，马克思主义劳动价值观是科学性与意识形态性的统一。一方面，劳动价值观是劳动规律的反映，体现了劳动合理性；另一方面，劳动价值观具有意识形态性。

（三）劳动价值观的（个性化）实现。

关于劳动价值观的实现，习近平提出了非常丰富的思想。在这些思想中，他尤其注重以下三种实现形式：

1. 榜样示范，见贤思齐。

马克思主义劳动价值观的实现要注重发挥劳动者中的先锋模范的作用。

2. 明确要求，厘清责任。

在中国特色社会主义事业的伟大实践中，劳动者应具备如下意识和品质：一是劳动者要有“两感”（历史使命感和责任感）；二是劳动者要有“两意识”（大局意识和法

律意识)；三是劳动者要“三肯”(肯学、肯干、肯钻研)。

3. 知行合一，贵在落实。

一是将崇尚劳动与造福劳动者相统一，二是将讲促进劳动者的发展作为国家战略，三是通过发展社会主义民主来保障和发展劳动者的民主权利。

二、马克思主义的幸福观

马克思主义幸福观的主要观点是：**把幸福的创造和幸福的享受结合起来，并把创造幸福作为前提，然后才谈得上享受幸福。**因为对无产阶级和劳动人民来说，没有劳动就没有幸福可言。在社会主义条件下，只有社会劳动才是创造幸福的根本途径；只有为共产主义事业而奋斗，为绝大多数人谋利益，才是人生的最大幸福。

马克思主义幸福观是科学辩证的幸福观，是多方面的有机统一。马克思说：“对于一个忍饥挨饿的人来说并不存在人的食物形式，忧心忡忡的穷人甚至对最美丽的景色都没有什么感觉。”马克思主义在肯定人的物质幸福的基础上，特别注重人的精神幸福，注重物质幸福和精神幸福的统一；幸福不仅是对生活的享受，更是通过劳动对生活的创造，是享受和劳动的统一；社会幸福决定着个人幸福，个人幸福丰富着社会幸福，是个人幸福和社会幸福的统一。马克思主义幸福观指出，人生最大的幸福在于奉献，在于为人类谋福利。马克思说：“如果我们选择了最能为人类福利而劳动的职业，那么重担就不能把我们压倒，因为这是为大家而献身；那么我们所感到的就不是可怜的、有限的、自私的乐趣，我们的幸福将属于千百万人，我们的事业将默默地，但是永恒发挥作用地存在下去，而面对我们的骨灰，高尚的人们将洒下热泪。”

集体主义是共产主义幸福观的核心。共产主义幸福观把全心全意为人民服务、为全人类解放而奋斗看作最大的幸福，坚持把追求个人幸福和实现共产主义理想统一起来。

幸福既是人类永恒的追求，也是人们普遍关注的一个热点问题，是一个常谈常新的话题。当前，加强社会主义荣辱观教育，推进社会主义核心价值体系建设，应该科学认识马克思主义的幸福观，以指导我们的工作生活和人生走向。

三、调劳动幸福观的重要性

当前，有一些年轻人不愿劳动，特别是不愿进行体力劳动，倾向于通过其他非劳动的形式（例如“啃老”）获得金钱和享受，认为后者才是获得幸福的途径。

上海应用技术大学杨燕华表示，这其实是一种对幸福的误读。幸福观是人们对幸福的理解。传统西方幸福观主要有两种路向，即感性主义幸福观和理性主义幸福观，其分别强调人的自然欲望和理性。马克思倡导劳动幸福观，通过劳动使幸福置于现实生活世界之中，从而实现个人幸福与社会幸福的统一。当前，社会上出现个人主义、拜金主义、享乐主义等错误幸福观倾向。我们应通过教育和引导，培养学生尊重劳动、参与劳动、享受劳动的思想观念，树立正确的马克思主义劳动幸福观。

杨燕华表示，劳动才是获取幸福所需要的物质财富和精神财富的唯一途径，才是自身发展和本质实现的活动。虽然当前物质生活水平有了很大提高，但不能养成“不劳而获”的习惯和观念，否则将无法获得真正的幸福。党和国家要积极引导整个社会，尤其是青年人参与劳动，让他们在劳动奉献和劳动创造中体会快乐和生命的意义，实现自己的人生价值，体悟到幸福的真正内涵。

在杨燕华看来，在当前中国特色社会主义现代化建设中，我国经济社会有了较快发展，人们生活水平有了较大提高，劳动的强制性、生存的目的性越来越淡化，人们尤其是青年一代有越来越多的机会和可能享受劳动、享受生活。此时，我们就应该更好地享受劳动，让劳动成为实现自我、创造价值的手段。唯有如此，劳动才不会成为负担，而成为快乐的源泉和生命的乐趣，在劳动过程中，在创造“物”的过程中，同时实现“人”的主体力量的增强。为此，我们需要树立三个观念：培养尊重劳动的观念，树立参与劳动的观念，树立享受劳动的观念。

2.1.4　任务总结

勤劳是人类特有的品质，劳动创造了人，人与动物的本质区别就是人能劳动，特别是进行艰苦的、创造性的劳动。联合国教科文组织曾经对教育下过这样的定义：“学会生存。”劳动是生存的基本能力，是做人的起点。古人讲“一屋不扫，何以扫天下”，连自理自立能力都没有，将来怎能成为国家的栋梁之材呢？因此，教师应坚持以人为本的理念，注重发挥学生的主体作用，培养学生正确的劳动意识，养成良好的劳动习惯，提升劳动的社会价值和实用价值；让学生带着劳动的喜悦与成功，走出校门，走向社会，为实现现代化和全面建成小康社会打下坚实的基础。

2.1.5　相关知识

劳动教育：培育劳动价值观

德智体美劳全面发展，既是对人的素质定位的基本准则，也是人类社会教育的趋向目标。

尽管我们的教育目标是德智体美劳全面发展，但是在应试教育的语境之下，无论是学校教育，还是家庭教育，在教育的五个维度中，劳动教育被严重淡化了。

劳动是人类的本质特征。首先，劳动是一切价值的创造者，即劳动不仅创造了财富，而且创造了人类自身、美与人类的全部文化，因此劳动以及劳动者具有“无上光荣”的价值。其次，劳动者反而被自己所生产的产品、生产过程、劳动价值符号（如货币）等劳动要素所奴役的劳动价值异化，应当通过社会变革予以拨乱反正。最后，劳动是脑力与体力的统一。

劳动教育最核心、最本质的价值目标是培养学生尊重劳动的价值观，培育受教育者对于劳动的内在热情与劳动创造的积极性等劳动素养。

正如马克思在《资本论》（第一卷）中所说：“未来教育对所有已满一定年龄的儿童来说，就是生产劳动与智育和体育相结合，它不仅是提高社会生产的一种方法，而且是造就全面发展的人的唯一方法。”

苏霍姆林斯基曾说：“一个人的和谐全面发展、富有教养、精神丰富、道德纯洁——所有这一切，只有当他不仅在智育、德育、美育和体育素养上，而且在劳动素养、劳动创造素养上达到较高阶段时，才能做到。”“体力劳动对于小孩子来说，不仅是获得一定的技能和技巧，也不仅是进行道德教育，而且还是一个广阔无垠的惊人的丰富的思想世界。”他所在的帕夫雷什中学的教育理念是，把大自然所赋予和人所能做到的一切都尽可能充分地用于人的和谐、全面发展。

陶行知先生把劳动教育当作生活教育的组成部分，写了《手脑相长歌》：“人生两个宝，双手与大脑。用手不用脑，快要被打倒。用脑不用手，饭也吃不饱。手脑都会用，才算是开天辟地的大好佬。”

课程体系是一个学校的核心育人载体，劳动教育必须融入学校课程体系。劳动教育的实现形式，可以是劳动技术课、通用技术课等独立课型，可以是社区服务、社会实践等综合实践活动，可以是园艺、陶艺等校本课程。

劳动教育其实就是一种生活教育，而且是一种最好的生活教育。学生在劳动中获得一些生活体验，以及从劳动中获得生活的乐趣，培养一种现代新生活的态度与方式，既是今后生活的需要，也是未来生存的需要，更是让其生命更好地发展的需要。

雅典人曾说：“我们的勇敢是从我们的生活方式中自然产生的。”苏格拉底所采取的生活方式，都是为了锻炼自己的心灵和身体。

真正发挥劳动的作用，让教育与生活结合起来，才能让学生享受学校与社会、知识与世界、理想与现实、肉体与精神等相统一的整体性生活。

2.1.6　任务拓展训练

组织一次关于劳动价值观的班级主题活动，引导同学们讨论生活中遇到的各种现象（如拜金主义行为、享乐主义行为）体现了怎样的价值观；讨论这些现象体现了怎样的劳动价值观；这些价值观是否正确。

任务二　严密组织劳动实践，落实劳动责任

2.2.1　任务描述

如何成为品德优良、充满正能量的学生？一是有道德品质，二是有职业操守，这是“工匠精神”的内在要求。现在很多青年人不要说在工作中能够潜心钻研、吃苦耐劳，甚至是“四体不勤五谷不分，不事劳作一无所获”。如何通过劳动实践让学子们重新找回劳动的快乐，成为当下值得思考的问题。从本学期开始，我们将进行“劳动实践周”的尝试，让大家回归体力劳动，体会劳动的乐趣，培养优良的道德品质。

2.2.2 任务分析

随着社会经济的不断发展，人们的生活水平有了进一步的提高，但是浪费现象也在不断增多。在学生中间，学习用品的浪费，水、电、粮食的浪费，时间的浪费，都不难发现。通过调查、采访、搜集、学习、表演等实践活动，让学生体验中华民族的传统美德——勤俭节约，教育学生养成勤俭节约的良好习惯。

2.2.3 任务实施

一、组织劳动教育安全理论课

劳动教育课课程为大学生一年级思想品德公共必修课，由劳动教育理论教学和劳动实践（周）两部分组成，多采用理论教学和劳动实践为主的方法，组织教学与实践活动，每名学生必须修完全部课程，并经过理论考试及格以上和劳动实践考核评定合格以上，获得课程成绩 60 分及以上计 2 个学分方能毕业。劳动安全教育在理论授课时，教师要因势利导地多讲解一些典型案例以及与学生身心安全密切相关的案例，利用学校多媒体投影设备进行生动直观的教学，使课堂教学效果得到加深。

二、劳动实践中的安全注意事项

劳动实践是这一课程的侧重点，约占总学时的 90%。学生在劳动过程中通常会有一些抵触心理，怎样调动这些学生的劳动积极性是指导教师需要解决的一道难题。通过一段时间的教学实践，在组织校园劳动时，教师要做到以下五点：

（一）分工明确，责任到人。

在安排劳动量的时候，要能够使每个学生有具体的事干，不至于学生稀里糊涂，老师也得过且过，最后完不成劳动任务，也找不到负责人，致使实践环节不了了之。

（二）妥当布置，知人善任。

在布置任务时要对具体人安排适当的活干，避免使力量小的学生做重活，“小马拉大车”。对每一名学生要做到心中有数，给予他们乐于去做的事做，充分调动其劳动的积极性和创造性，吸引那些逃避劳动的人自觉参加劳动。

（三）勤巡回检查，遇到问题及时纠正。

要求指导教师及时深入学生劳动实践中，检查任务完成情况，对没有达标的工作，责其返工，并检查返工的结果，直到合格为止，达到端正学生劳动敷衍了事态度的教育目的。

（四）奖罚分明，劳动竞赛，充分调动其积极性。

大学生有争强好胜的自尊心理，还有较为深刻的思考能力，抓住这些心理开展劳动竞赛，掌握尺度，实施明确的加分和奖罚分制度，对其有很大的激励作用。

（五）劳动中的安全教育。

这是劳动实践的重点，学生在劳动时要注意使用工具的安全，注意工间休息的人身安全，注意劳动保护和相互配合。

2.2.4 任务总结

劳动技术教育具有特殊的育人功能，教师在教学中要对学生进行劳动观点、劳动态度及心理健康等方面的教育，使学生形成良好的劳动品质和良好的行为习惯；坚持实践性、技术性、基础性、创新型、适应性、开放性、安全性等原则，完善实施过程安排。

2.2.5 相关知识

需要大力强化劳动实践教育

洗碗、洗衣、扫地、整理房间，这些家务活都将成为浙江中小学生的“劳动家庭作业”；校内劳动、家务劳动、校外劳动实践三管齐下，学生劳动的态度和成果也要记入综合素质档案。最近，浙江出台的《关于加强中小学劳动实践教育的指导意见》引发热议。

如这份指导意见中所言，劳动实践教育目前“在学校中被弱化，在家庭中被软化，在社会中被淡化”，此言非虚。杭州师范大学有位老师观察，小学高段和初中学生做家务的非常少。杭州一所小学统计，二年级有个班 1/3 的学生不会系鞋带，四年级一个班一半以上学生平时不做家务。

对这些“劳动作业”，不少教育界人士和家长拍手叫好。在家洗碗扫地、在校保洁绿化、校外职业体验，这些不仅有助于改变孩子“四体不勤”的状况，提高基本动手技能和独立生活能力，也能让孩子“磨磨性子”，磨炼意志品格。更重要的是把“有字的书”和“无字的书”联系起来，把教室“小课堂”和社会“大课堂”贯通起来，把解作业本上的题和解决实际问题融汇起来，把理论知识学习与劳动实践结合起来，激发学生宝贵的创新精神和探究能力。

不过，家长也有顾虑。“扫地洗衣？先把作业量减减，否则孩子更是要忙到半夜。”

"劳动家庭作业，难道要每天拍录像发微信给老师?"有家长说，孩子回家头等大事是做作业，节假日则奔走于培训班之间，小升初、中考、高考，一环扣一环的升学压力之下，先弃"劳动作业"或许成了家长和孩子不得已的"理性选择"。

浙江教育部门此次出台的指导意见，也注意到系统性地推动问题解决，比如将劳动实践评价制度纳入升学重要参考，在中考改革中加强试题与社会实际、学生生活的联系等。破解"剧场效应"的怪圈，确非一时一地之功。期待学校、家庭、社会各方齐心同向地持续努力，真正让"美好生活靠劳动创造"的哲理融入学生的终身学习和终身发展。

参考自：《人民日报》

2.2.6 任务拓展训练

实际进行一次完整的劳动活动，在劳动中学习常见清扫工具及金工、木工等常见工具的使用；通过同学和老师间的相互合作完成一次扫除或完成一个简单物品的制作(如制作板凳)，在实践中了解劳动的分工。

项目小结

在学生对劳动有一定理解的基础上，要及时地规范学生的劳动行为。首先要加强预防，防微杜渐，及时纠正不良行为；其次要及时鼓励表扬；最后要循序渐进。根据不同年级学生不同年龄及心理特点，在学校教育、教学各个环节中按照本课题研究内容的指标体系，分层次、有梯度地对学生进行良好习惯的行为训练。每学期的行为规范训练有重点、有要求、有落实、有检查、有总结，为了使学生形成稳定的习惯，行为训练要反复进行。

拓展提高

体现劳动价值观的句子

1. 社会主义制度的建立给我们开辟了一条到达理想境界的道路，而理想境界的实现还要靠我们的辛勤劳动。

2. 满山的桃花、碧绿的田野、金灿的油菜花望不到边际，农民，您用那粗壮的双臂换来我们的美食，您用汗水浇灌了我们的身体。

3. 劳动，对于任何人都是平等的！是啊，无论你是做什么的，无论你是生活在低层的普通百姓，也无论你是工作在政府机关的高级领导，劳动，对于每一个人都是平等的。

4. 埋没在底层的人才真正值得敬重，他一辈子辛勤，一辈子奔忙，不求声誉和光荣，只有一种思想给他鼓动，为公众利益而劳动。

5. 较高级复杂的劳动，是这样一种劳动力的表现，这种劳动力比较普通的劳动力需要较高的教育费用，它的生产需要花费较多的劳动时间。因此，具有较高的价值。

想一想：

你觉得在当代社会我们应该抱有怎样的劳动价值观?

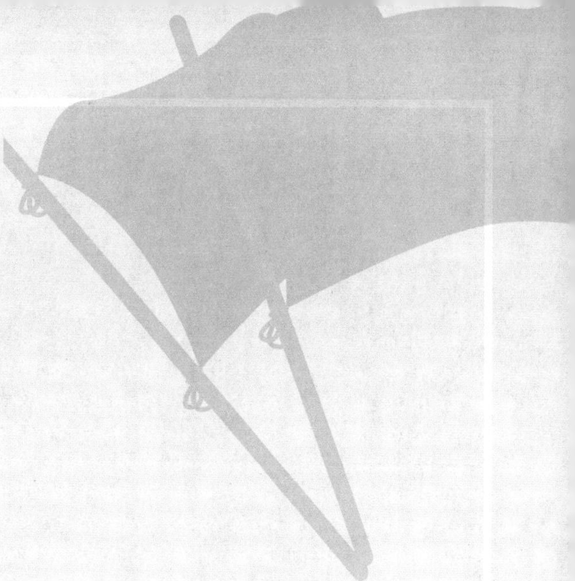

项目三

职业院校劳动教育的工作职责和实施手段

项目导言

职教学生基础劳动教育课既是一门思想品德教育和文明校园创建课程，又是一门改变师生行为习惯、教会学生做人做事的实践课程。要教育和实践好这门课程，教师一定要有较强的策划力、组织力、执行力，才能获得劳动教育课的效果；否则，这个课就是一盘散沙，成为一门“放羊”式的、没有任何教育效果的课程。

项目描述

某中职学校为了使学生了解职业院校劳动教育的工作职责和实施手段，能够通过所学了解职业院校怎样实施劳动教育，理解职业院校在劳动教育上的重要地位，打算在本学期开设主题学习活动，每月一次。如果你是该校某一班级的班长，你计划如何协助老师来进行该项活动？

教学目标

知识目标：了解职业院校劳动教育的工作职责和实施手段

能力目标：能够通过所学了解职业院校怎样实施劳动教育

情感目标：理解职业院校在劳动教育上的重要地位

教学任务

任务一　学校组织机构及工作职责

任务二　劳动教育的实施路径

建议学时

2 课时

任务一 学校组织机构及工作职责

3.1.1 任务描述

教务处研讨学生劳动教育方案

2019年10月18日，某学校教务处召开工作研讨会，讨论学生劳动教育方案。会议由教务处处长黄国华主持，教务处副处长冯强及部分科室人员参加。

与会人员深入学习了习近平总书记在全国教育大会上关于劳动教育的重要论述，回顾了学校劳动教育的历史。学校历来重视劳动教育，已将“志愿服务与公益劳动”纳入教学计划，多年来，先后通过组织学生在林场、校内和各学院进行环境清洁等活动开展劳动教育，取得了良好的育人效果。

会上，与会人员结合该校劳动教育的历史经验和现实情况，围绕进一步加强劳动教育形成初步共识：一是将弘扬劳动精神、加强劳动意识作为人才培养内容深入落实；二是劳动教育与专业教育相结合，加强学生专业动手实践能力培养；三是鼓励学生参与教室、实验室等校内环境的清洁，开展公益劳动；四是探索形式，将教室、实验室、公共区域美化等纳入劳动内容；五是丰富途径，鼓励和支持学生积极开展志愿服务。

研讨中，教务处指出，劳动教育要广泛动员，需要有关部门、处室的共同努力；与此同时，也要做好劳动安全教育与有关保障。

据悉，教务处将进一步学习领会劳动教育的科学内涵和精神实质，调研兄弟高校的经验做法，并结合学校实际，研究制定学生劳动教育方案，弘扬劳动精神，引导学生崇尚劳动、尊重劳动，培养学生能够辛勤劳动、诚实劳动、创造性劳动的能力。

3.1.2 任务分析

学校开展劳动教育课程需要有前期工作准备，首先要落实本学期劳动课老师的人选，其次是选课、排课，再次是带领新老师熟悉上课流程和上课卫生区域和责任，最后是购买劳动工具和整理工具房。这些工作都要有条不紊地进行。

3.1.3 任务实施

为了有序和规范地实施劳动教育课，学校一般应成立“劳动教育课教学委员会”和教研室等机构，主要负责劳动教育课程的策划、指导、组织、实施、检查和管理等教学教务工作。

一、劳动教育课教学委员会及工作职责

学校劳动教育课教学委员会设组长一名，一般由学校负责思想政治工作的党委书记担任；设副组长 2 名，一般由分管学校教学工作和分管学生工作的副校长担任；设成员若干名，一般由教务处、学生工作处、后勤处、督察室和各二级学院的主要负责人参加。

学校劳动教育课教学委员会的主要职责如下：

1. 加强劳动教育课的思想政治工作，进一步明确实施劳动教育课的目的，端正劳动态度，教育广大学生积极参加劳动。

2. 结合学校的实际，建立和完善劳动教育课各项规章制度。

3. 负责研讨劳动教育课有关教育教学的重要政策规定。

4. 及时解决劳动教育课学生反映的重要问题，督促劳动教育课取得最佳效果。

5. 努力探索、改革职业院校劳动教育课实施和管理模式，不断丰富劳动课内容，创新教育教学形式。

二、劳动教育课教研室及工作职责

劳动教育课是一门新增加的思想教育必修课，按照教学要求应成立课程教研室，主要负责全校各专业劳动教育课程教学计划、组织实施教研活动和日常管理等工作。

劳动教育课教研室接受教学委员会的直接领导，接受教务处的业务指导和督察管理工作。教研室应设主任一名，一般由学生工作部（处）长担任；成员若干名，一般由各二级学院分管学生工作的副院长和学生教育科长或副科长参加，各学院具体组织实施劳动教育课的辅导员、班主任等人参加。

劳动教育课教研室的主要职责如下：

1. 负责起草劳动课的教学计划、组织实施、检查考评、成绩录入、学分管理和奖惩等规章制度。

2. 加强劳动课的普遍教育，明确劳动目的，端正劳动态度，充分调动广大学生参

加劳动的积极性，尤其要耐心细致地做好少数学生的思想教育工作。

3. 具体负责劳动教育课的计划组织、理论教学、技能培训、实践指导、考勤管理、检查督促、讲评反馈、问题整改和资料整理等工作。

4. 认真了解和掌握劳动教育课实施过程中反映出来的问题，做好家校联系沟通，及时解决问题。

5. 按照教务处的安排，结合劳动教育课存在的问题，开展教育教学经验交流、集体备课和研讨活动。

6. 不断探索创新大学生劳动教育课方法和形式，丰富劳动课程内容等。

3.1.4 任务总结

学校在执行国家课程及地方课程的同时，应视当地社会、经济发展和具体情况，结合本校的传统和优势，学生的兴趣和需要，开发或选用适合本校的课程。为了保障劳动教育课程有序开展，要明确学校相关组织机构的权责与实施方案，建立健全反馈评价机制，培养学生善于劳动的能力。

3.1.5 相关知识

劳动课实施方案（暂行）

开设劳动课是实施素质教育的重要组成部分，是培养学生正确的劳动意识和创新思维能力，帮助他们树立正确的人生观、价值观的需要。根据学校有关文件精神，为有效开展劳动教育，高质量实施劳动课教学，将劳动教育与学校卫生保洁相结合，特制定本实施方案。

一、劳动课内容

1. 劳动理论：包括劳动的内涵、劳动的意义、劳动的种类、劳动技术等。

2. 劳动实践：校内开展个人、宿舍、教室、实验实训室等的卫生清洁和维护；校外利用小学期或节假日开展家庭劳动、社会有偿劳动和公益服务劳动等。

二、劳动课开设范围和开设时间

全校本、专科学生全部开设劳动课，理论课开设在第二学期，实践课本科开设在 1～6 学期，共六个学期，专科开设在 1～4 学期，共四个学期。

三、劳动课时与学分分配

本专科学生需修读的劳动课为 2 学分，其中理论课时为 16 课时，1 学分。实践学分分为两部分，第一部分为校内卫生清洁，占 0.6 学分，第二部分为校外家庭劳动、公益服务劳动和社会有偿劳动，占 0.4 学分。

四、组织实施

1. 学校成立劳动课实施领导小组

组长：赵××

副组长：白××、王××、王××

成员：教务处、学工部、后勤管理处及各二级学院主要领导

领导小组职责：制定劳动课实施方案，领导劳动课的教学和劳动实践的实施。检查评估劳动课的教学质量、劳动任务的完成质量、开展评优评先等。

2. 成立劳动教育教研室。每个二级学院指定1名教师为劳动课教师，组成劳动教育教研室，设教研室主任1～2名。劳动教育教研室组织教研活动，开展课程建设，组织开展劳动课教学，组织劳动课的成绩考核、成绩登统等工作。劳动课教师需属于教师序列、有学生管理经验和学生工作热情的学校在编教师。劳动教育教研室挂靠在教务处，教务处牵头劳动理论课的课程建设，包括师资培训、课程标准建设、教材建设等。

3. 校内劳动实践的组织实施

(1) 教务处负责将教室、公共实验实训室的卫生清洁任务分配到各二级学院。

(2) 学工部负责制定校内卫生清洁要求和评价标准，学工部牵头，教务处、后勤管理处参与校内卫生检查、评优、评先等工作。

(3) 后勤管理处负责提供清洁卫生所需要的工具及相关用品。

(4) 各二级学院成立副书记任组长，辅导员（班主任）、劳动课教师为成员的劳动实践指导小组。负责本学院校内卫生清洁的组织与实施，制定具体要求和检查评估方案，按要求进行检查、验收、评估、推优等；根据专业特点制定家庭劳动、社会有偿劳动和公益服务劳动的具体要求、成绩考核标准等。

(5) 每学期正式上课前一天和放假前一天各二级学院要安排学生进行大扫除，保证上课和假期清洁卫生，届时学校将组织检查和评比。日常卫生扫除按照学校安排，各二级学院自行组织，学校将不定期进行检查和评比。

4. 经费保障

学校划拨专项经费，用于劳动课建设、教学和劳动实践。专项经费的80%根据学生人数按比例划拨到各二级学院，资助劳动课建设、支付任课教师和劳动实践指导教师劳务费、奖励优秀集体和先进个人；专项经费的20%由学校统一掌握，用于奖励劳动实践组织效果好、质量高的先进集体，奖励表现突出的优秀个人。

五、本方案发布之日起实施，教务处、学工部、后勤处共同负责解释。

3.1.6 任务拓展训练

结合本课所学，设想假如你是校方负责人，你会怎样组织劳动实践课？设计一次劳动实践课，写明课程涉及的各个校方部门分别应该做哪些工作，需要做哪些前期准备，具体的组织实施有哪些注意事项。

任务二 劳动教育的实施路径

3.2.1 任务描述

……将工匠精神培育融入基础教育。将动手实践内容纳入中小学相关课程和学生综合素质评价。加强学校劳动教育，开展生产实践体验，支持学校聘请劳动模范和高技能人才兼职授课。组织开展“大国工匠进校园”活动。鼓励有条件的普通中学开设职业类选修课程，鼓励职业学校实训基地向普通中学开放。鼓励有条件的地方在大型企业、产业园区周边试点建设普职融通的综合高中。

——节选自《国务院关于深化产教融合的若干意见》

3.2.2 任务分析

把劳动教育纳入党的教育方针，这是新时代党的教育方针的丰富发展，更是新时代弘扬劳动精神、倡导劳动教育思想的集中体现。高校肩负着培育时代新人的职责使命，是青年大学生劳动教育的重要阵地。

课程和实践是劳动教育实施的重要途径。要着力改变当前职业院校学生劳动教育被窄化、弱化，实施途径相对单一的现状；着力补齐学生劳动教育缺内容、缺渠道、缺载体、缺路径的突出短板；着力改变“以教代劳、以说代劳”的现象和劳动教育“娱乐化”、边缘化的问题；着力避免走入“没有劳动教育”“没有劳动的教育”或“没有教育的劳动”的误区。

3.2.3 任务实施

关于新时代职业院校加强劳动教育的实施路径，可以概括为一门课程和八个“结合”。

一、扎实推进新时代职业院校劳动教育的课程建设

课程是人才培养的核心要素，学生从中受益最直接、最核心、最显效。劳动覆盖了人类生产生活的各个相关领域，劳动既具有广泛性、复杂性、多样性的特点，又具有相对完整的知识体系和逻辑体系。人类在总结规律、创新知识的过程中形成了劳动哲学、劳动伦理学、劳动文化学、劳动社会学、劳动经济学、劳动法学、劳动关系学、人力资源管理等一系列“劳动＋”学科，这些学科经过系统化的研究和梳理，完全具备单独开设专门课程的各种必要条件。同时，2018 年 1 月教育部高教司发布的《普通高等学校本科专业类教学质量国家标准》强调，“了解与本专业相关的职业和行业的重要法律、法规及方针政策”是学科人才培养的基本要求。比如，劳动哲学、劳动社会学能够深化学生对劳动的多维度认识；劳动关系学、劳动法学可以使学生学到分析解决劳动问题的本领；劳动伦理学、劳动文化学可以明确劳动伦理，增强劳动观念；等等。目前，职业院校教育中有些课程融入了劳动教育，这些课程多侧重于对学生具体劳动技能的培养，而对学生劳动科学素养全面、系统、科学的培养培育则有所欠缺。因此，开设劳动教育的专门课程，既是所有专业的通识性需要，也是培养造就德智体美劳全面发展的新时代人才的必然要求。

开设专门的劳动教育课程，必须建立和完善劳动教育学科体系、教学体系、教材体系、管理体系，与其他专业课同向同行。在此基础上，组织编写《大中小学劳动教育课程指导纲要》或《全国普通高等学校劳动教育课程指导纲要》，明确课程性质、课程目标、课程设置、课程结构、课程内容与教学方法、课程建设与课程资源的开发、课程评价等内容。例如，编写《劳动科学概论》或《劳动概论》《大学生劳动教育读本》等相关教材，开设《劳动科学概论》等通识课程，努力将劳动教育通识课程打造为具有高阶性、创新性和挑战度的“金课”。

二、新时代职业院校劳动教育与思想政治教育相结合

劳动教育与思想政治教育的目标具有相关性，内容具有关联性，在实施路径的方式方法上也可以相互借鉴。一方面，思想政治教育有利于强化劳动教育目标的道德引领和精神塑造，有利于塑造和培养劳动价值观、劳动态度、劳动品德、劳动习惯、劳动知识与技能，进一步实现劳动教育的五个目标任务；另一方面，劳动教育有助于加强思想政治教育的实践性和针对性，有助于提高学生的思想水平、政治觉悟、道德品质、文化素养，有助于学生坚定理想信念、厚植爱国主义情怀、加强品德修养、培养奋斗精神、增强综合素质，促使学生成为德才兼备、全面发展的人才。

扎实推进劳动教育与思想政治教育相结合，要完善融通共建机制，做到学校全员全过程、全方位育人；要利用好思想政治理论课课堂这个主渠道、主阵地，使德育、劳育形成协同效应；要结合学校优势打造特色品牌，弘扬劳模精神、劳动精神和工匠精神。

三、新时代职业院校劳动教育与专业教育相结合

劳动教育与专业教育具有内在的一致性和统一性。一方面，专业课程学习本身就是一种脑力劳动，学习的过程本质上也是一种劳动教育；另一方面，专业教育的最终目标，也是满足劳动的根本需要：职业院校通过专业课程的开设，传授专业劳动知识，培育专业劳动技能，培养具有创新精神和实践能力的高级专门人才，输送到相对专业的劳动岗位，发展科学技术文化，促进社会主义现代化建设。特别是在职业院校的各类专业课程设置中，有不少课程具有丰富的劳动属性和劳动指向，如文科的新闻采访和文稿写作，理科的数量统计和理化实验，工科的机械、电气、建筑、水利等研究应用技术和工艺，都是劳动教育与专业教育相结合的鲜活实践。

扎实推进劳动教育与专业教育相结合，要在专业课程中强化劳动导向，专业知识中融入劳动要素，构建具有本专业特色的劳动教育价值体系；要加强专业教育中的劳动知识的传授和技能的训练，培养培育劳动精神；要挖掘大国工匠、劳动模范等特色资源，开展劳动教育特色专业课程。

四、新时代职业院校劳动教育与实习实训相结合

劳动教育与实习实训具有辩证统一、相辅相成、相得益彰、共同促进的关系。与实习实训相结合，劳动教育会做得更加扎实、更加生动。实习实训重在培养学生的劳动态度和专业技能，帮助学生完成从学校到社会、从课堂到企业的角色转变；这一转变中，劳动知识与技能的掌握是极为关键的，而这正是劳动教育的重要目标之一。同时，社会是劳动教育的大熔炉，生产一线、劳动一线对劳动教育具有更为直接的促进作用，能够鼓励大学生干一行、爱一行、钻一行，在平凡的工作岗位上作出不平凡的事业，实现实训实习的教育目标，取得实习实训的丰硕成果。

扎实推进劳动教育与实习实训相结合，要注重对学生劳动情怀的培养，不断提升学生的职业精神，学校通过与企业、社区工厂等开展合作，激励学生参与社会实践，走进工厂、走进基层、走进社会，感受一线劳动的魅力，获得丰富的劳动体验，真正地尊重劳动、热爱劳动；要注重劳动知识和技能的培养，通过实习实训基地和相关单位的精细化统筹安排，拓展劳动知识，提升劳动技能，特别是要充分发挥劳模工匠等

优秀劳动者的引领作用，为学生走入社会做好职业准备。

五、新时代职业院校劳动教育与社会实践和志愿服务相结合

实践是人们能动地改造客观世界的物质活动，人类历史是由人们的实践活动构成的；劳动是人类特有的社会实践活动，劳动概念是实践概念的具体化。在一定意义上，劳动与实践的最终指向都是作为其主体的人本身。在社会实践和志愿服务中融入劳动教育，既有助于学生形成良好的劳动习惯，提升他们的劳动技能，感受劳动所带来的收获乐趣，形成尊重劳动、热爱劳动的真挚情感；又有助于培养学生的社会实践和志愿服务能力，引导学生“做中学”和“学中做”，在实践中不断实现成长进步、能力养成和素质提升。同时，志愿服务是典型的公益劳动，公益性社会实践在志愿服务中强化劳动教育意识，有事半功倍、相得益彰之效。

扎实推进劳动教育与社会实践和志愿服务相结合，要强化社会实践育人的比重，通过工学结合、勤工助学、劳动体验等途径，促使学生积极参与社会实践，锻炼劳动技能；要积极引领学生参与志愿服务，培养培育学生的劳动情怀、责任意识和奉献精神。

六、新时代职业院校劳动教育与创新创业教育相结合

创造性劳动区别于重复性劳动，是辛勤劳动、诚实劳动的升华，更是人类社会发

展进步的根本力量。劳动教育与创新创业教育相结合，有助于培养、激发学生的创新性和创造性，其目的都是提升学生的创造性劳动水平。创新创业教育是进行创新思维培养和创业能力锻炼的教育，具有创新性、创造性、实践性特征，对于大学生创造性劳动的激发具有明显的促进作用；同时，对劳动教育而言，创造性劳动的培养既是重点也是难点。探索劳动教育与创新创业教育的结合点，打造“双创”教育的劳育大平台，让学生在创新创业实践中发扬创新精神、培养实践能力、实现劳动创造，奋力跑出“双创”教育的“中国加速度”，是职业院校加强和完善劳动教育的有效途径。

扎实推进劳动教育与创新创业教育相结合，要加强体制机制建设，注重点面结合、强化实践，完善“双创”教育体系；要注重资源整合，拓展“双创”空间，为大学生提供更多参与“双创”活动的机会；要在“双创”活动中加大鼓励和奖励力度，激发学生主观能动性，提升大学生创造性劳动的培养水准。

七、新时代职业院校劳动教育与产教融合相结合

产教融合是实现产业与教学密切结合，形成校企一体共同培养学生的办学模式。劳动教育在产教融合中具有不可忽视的作用。2017 年颁布的《国务院办公厅关于深化产教融合的若干意见》（国办发［2017］95 号）明确指出：“加强学校劳动教育，开展生产实践体验，支持学校聘请劳动模范和高技能人才兼职授课。”一方面，加强劳动教育，能够在教育层面、经济层面、社会层面以及政策等层面，强有力地推进产教融合，并最终实现赋能产教融合；另一方面，产教融合对劳动教育具有良好的支撑作用，劳动教育也要倚重产教融合，以产教融合推进劳动教育。

扎实推进劳动教育与产教融合相结合，要完善劳动教育与产教融合协同发展的体制机制，构建劳动教育与产教融合协同发展的生态环境，落实有利于产教融合的劳动教育机制，从教育政策、经济政策和社会福利政策入手，对其进行优化调整；要加强劳动教育与产教融合协同发展的顶层设计，建立相应的指导委员会，由产业部门、人保部门和财政部门多部门参与，统筹协调各方的利益关系；要建立劳动教育实施主体与产业行业对话协调机制，培植劳动教育与产教融合协同发展新模式，如共建合作机构、共建实体、共建人才基地、共建合作基金或奖励基金等。

八、新时代职业院校劳动教育与职业生涯教育及就业指导相结合

职业生涯教育是指促进和引导学生个体规划自我职业生涯并落实实施的教育活动，就业指导则是为大学生提供与就业有关的综合性服务活动，如传递就业信息、培养劳动技能等。职业生涯教育及就业指导对于帮助大学生树立正确的人生观、就业观和择业观具有非常重要的指导作用。在职业生涯教育及就业指导中强调劳动品德、劳动态度、劳动观念，能够更好地推动劳动教育落地生根，有助于帮助学生树立正确的择业观念，实事求是、脚踏实地地做好职业生涯规划。

创新校企合作培养模式，加大劳动技能人才培训力度

扎实推进劳动教育与职业生涯教育及就业指导相结合，要加大职业生涯教育及就业指导力度，帮助学生树立正确的就业观，正确

认识新时代劳动的复杂性与多样性；要将劳模精神、劳动精神、工匠精神与师资队伍建设有机结合，着力建设一支具备深厚劳动教育思想理念的高水平职业生涯指导教师队伍。

九、新时代职业院校劳动教育与校园文化相结合

校园文化是学校发展的灵魂，是凝聚人心、展示学校形象、提高学校文明程度的重要体现，承担着熏陶和影响学生的重要作用。习近平总书记指出，要“注重以文化人、以文育人”。中共中央、国务院印发的《关于进一步加强和改进新形势下职业院校宣传思想工作的意见》也明确提出，要“切实加强校园文化建设”。在校园文化中融入劳动教育，能够潜移默化在使学生心里种下热爱劳动的种子；充分结合劳动诸要素的校园文化，也是具有中国特色、体现新时代要求的大学文化。

扎实推进劳动教育与校园文化相结合，要通过各种丰富灵活的方式手段，积极营造校园劳动文化景观和氛围；要积极开展劳动教育系列活动，通过各类学术和文化文体活动倡扬劳动精神、传递劳动情怀；要积极发挥劳动模范和大国工匠的榜样作用，围绕劳动模范和大国工匠精心策划相关活动，实现劳动模范和大国工匠进校园制度化、经常化、规范化，推动劳模精神、劳动精神和工匠精神在校园落地生根、开花结果。

3.2.4　任务总结

劳动是实现人的全面发展的根本途径。践行新时代大学生劳动教育价值观念、教育理念和育人信念，需要职业教育在“立德树人”内涵上正本清源，需要在教书育人的实践中开拓创新，需要在教学活动中充分发挥好教师的主导作用和学生的主体作用，不折不扣地把党和国家的教育方针落到实处。

3.2.5　相关知识

弘扬工匠精神　深化校企合作

为培养学生职业素质，提升学生就业竞争力，某职业院校机电学院坚持以就业为导向，着眼于学生未来职业发展，通过创新人才培养模式，深化校企合作体制机制，用好校、企两块地，撬动政校企“三方资源”，探索“实习+就业+指导”一体化模式。

分层发力，形成多点带动。学院多次进行就业工作专项研讨，深入分析就业形势和学生信息，实时启动未就业学生群体求职促进会，引导学生寻找未就业原因，发掘解决办法，着力群体发力，集中开展2020届毕业生就业意向摸查，包括就业意向、就

业地域、求职岗位等；实时了解学生的就业需求，依据特点，精细一对一谈话，指导学生拓展就业视野，激活个体动能；落实家庭经济困难、建档立卡、深度贫困和就业困难毕业生就业帮扶计划，实时掌握学生求职进程，做好分段指导。根据学生需求及往年招聘单位信息，学院主动联系来校招聘的用人单位，开展“你问我答”“职点信箱”“一对一电话联络”等联系活动，推荐学院2020届毕业生利用暑假到企业实习，体验企业文化，进一步了解企业需求，为毕业季找工作打下坚实基础。

主动出击，拓展用人单位。学院分析近年来毕业生就业去向及反馈的就业状况，对校园双选会招聘单位录用结果进行分析，加强与用人单位的沟通联络，建立分层次、分类别用人单位数据库，先后拜访中国重型汽车集团有限公司、山东小鸭集团有限责任公司、雷沃重工股份有限公司、豪迈集团股份有限公司、三菱重工海尔（青岛）空调机有限公司等8家单位，通过参观座谈的方式了解了企业今后三年的招聘方向和趋势，深入感受企业文化，对企业的运行现状及发展前景、员工培训、人才需求和人才引进等相关政策有了进一步了解。同时，学院为企业发放学校2020届毕业生生源信息册，将学校基本情况、人才培养、师资力量、教育教学、毕业生生源等方面向单位进行介绍，增加企业对学校和学院的了解及认可，并积极向用人单位推荐毕业生，邀请用人单位多来院校招聘毕业生。最后，对用人单位进行了问卷调查，听取了用人单位对院校人才培养及就业指导服务等方面的意见和建议，希望通过双方合作，实现信息共享，让更多的毕业生满意就业。各单位对院校毕业生质量给予了充分肯定，还就如何在人才供需上形成联动机制等方面达成了共识。

搭建平台，深化就业服务。充分利用新媒体手段完善就业管理与服务体系，与企业联合开展职业生涯规划、就业指导课程、就业形势分析、面试求职指导、就业政策培训等就业服务。开展“职场精英思想汇”“求职达人思想汇”“彩虹桥就业指导”等活动，建立就业“锦囊库”，收集各类校友工作经验，其中院校2004届农业机械化及其自动化专业毕业生张艺辉（现任雷沃重工股份有限公司研发中心主任）谈道：“我校毕业生甘于吃苦、乐于奉献、勤劳踏实，有着扎实的专业知识与专业技能，希望以后有更多的优秀毕业生能加入农业机械化的工作队伍中来，为农业发展贡献一份力量。”

3.2.6 任务拓展训练

参与一次短期实习或社会实践，体会社区和企业在劳动中的育人功能；开展讨论会讨论自己在这次短期实习或社会实践中的收获，并结合自己将来打算从事的职业谈一谈自己如何将这些收获践行在将来的工作中。

项目小结

职业院校要用科学的顶层设计引领优化劳动教育全系统建设，认真研究和处理好劳动教育课程与实践之间的关系，探索劳动教育独立课程，开设劳动哲学、劳动伦理学、劳动文化学、劳动社会学、劳动经济学、劳动教育学等一系列“劳动＋”课程，深入开展劳动教育的理论探讨，丰富劳动知识，提高劳动理论素养，增强劳动价值认同；要深化劳动教育融合课程，将劳动教育与专业课程、选修课程深度融通，在专业课程、选修课程中适时适当适度融入专业劳动知识与技能、劳动纪律、劳动法、职业道德等内容，引导大学生自觉劳动、辛勤劳动，学会诚实劳动、科学劳动和创造性劳动；要具化劳动教育实践课程，借助产教融合、校企合作以及职业学校资源，创建、联建或共享劳动实践基地；要通过专业实习、公益活动、志愿服务、勤工助学、自我服务等第二、第三课堂，经常性地组织学生参与无酬或有酬的普通劳动，让学生在生产劳动体验中获得技能技巧，培养劳动责任感、集体主义精神，增强纪律意识，帮助学生做好投入劳动生活的全面准备。

拓展提高

从“劳动教育”的“八个结合”中选择一个谈一谈你的想法。

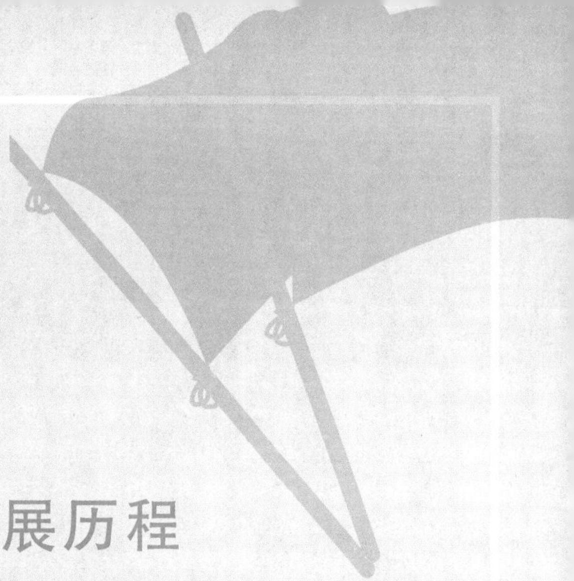

项目四

了解中国劳动教育的发展历程

项目导言

新中国的劳动教育变迁留下了前人探索与实践的坚实脚印，积极总结劳动教育发展演变中的经验与教训，认真吸纳各类新创意的思想营养，以丰富和完善劳动教育格局，推动新时代的劳动教育体制不断与时俱进。70年来劳动教育的实践经验大致可以归纳为劳动教育课程设置、价值倾向和其在教育体系中的地位等方面。

——《新中国成立70年劳动教育的历史演变——基于教育政策学的视角》

项目描述

某中等职业院校为辅助开展劳动教育课程准备举办一场主题为“中国传统劳动演变之我见”的校园情景剧评比活动，目的是让学生了解中国劳动教育的发展历程，掌握我国历史中关于劳动教育的知识，理解劳动教育立德树人的功能。如果你是该校某班级的班长，你准备策划一个怎样的剧本来参赛？

教学目标

知识目标：了解中国劳动教育的发展历程

能力目标：掌握我国历史中关于劳动教育的知识

情感目标：理解劳动教育立德树人的功能

教学任务

任务一　中国传统文化

任务二　中国传统劳动教育

任务三　新中国劳动教育发展进程

任务四　新时代劳动教育的使命——立德树人

建议学时

2 课时

任务一 中国传统文化

4.1.1 任务描述

2020年新冠肺炎疫情期间，“火币日本株式会社”捐赠给湖北的物资上写着“岂曰无衣，与子同裳”，诗句出自《诗经·无衣》，意思是说：怎能说没有衣裳？我愿和你同穿一件衣裳。在这里是说我们愿意和你们同甘共苦、共渡难关。

日本友人捐赠物资配一句诗，虽然是一件小事，但同文近义，终究是很打动人的。我们从中看到的是，不仅有日本民众对中日两国情谊的珍视，还有日本对中国传统文化的尊重、认同和传承，这说明我们传统文化里有着太多值得学习的古典和人文素养。

“民族的也是世界的。”随着中国的不断崛起，中国的传统文化必将被世界更多的国家学习和传播，我们必须有这个文化自信！

4.1.2 任务分析

中华传统文化是中华民族在五千多年的社会实践中形成的思想理念、传统美德和人文精神的集合，体现出中华民族特有的思维方式和精神标识。它在历史上为推动民族进步和社会发展发挥过重要作用，时至今日依然具有显著的时代价值。通过本项目的学习，我们要科学辨析传统文化中的精华与糟粕，实现优秀传统文化的创造性转化和创新性发展，从而为社会主义现代化建设提供精神滋养和智力支撑。

4.1.3 任务实施

中华传统文化是中华文明成果根本的创造力，是民族历史上道德传承、各种文化思想、精神观念形态的总体。中华传统文化，依据中国历史大系表顺序，经历了有巢氏、燧人氏、伏羲氏、神农氏炎帝、轩辕氏黄帝、尧、舜、禹等时代，到夏朝建立，之后绵延发展至今。

中华传统文化主要由儒、道、佛三家文化为主流组成。传统文化不仅思想深邃圆融，内容广博；更重要的是，儒家、道家、佛家三家文化高扬道德，为国人提供了立身处世的行为规范，以及最终的精神归宿。儒家以仁义教化为核心，为历代儒客尊崇；道家以顺应自然为核心；佛家以慈悲、大爱、解脱为核心，强调"诸恶莫作，众善奉行"。

在儒、道、佛三家文化基础上派生出的各种艺术（如绘画、雕塑、书法、戏剧、节日等），是其具体的表现形式。

中华传统文化的范围广泛，文字、语言、书法、音乐、武术、曲艺、棋类、节日、民俗等都属于传统文化的范畴。传统文化是与我们生活息息相关的，融入我们生活的，我们享受它而不自知的东西。具体地讲，中华传统文化以节日、古文、古诗、词语、乐曲、赋、民族音乐、民族戏剧、曲艺、国画、书法等为载体。比如正月初一春节、五月初五端午节、八月十五中秋节等节日和各种民俗活动，以及传统历法在内的中国古代自然科学和生活在中国的各地区的传统文化等，都是中华传统文化的组成部分。

4.1.4 任务总结

中华传统文化是坚持和发展中国特色社会主义的文化之根与精神之源，传承创新优秀传统文化对于弘扬社会主义核心价值观、丰富治国理政价值理念、增强文化自信文化担当，具有重要意义。在实现中华民族伟大复兴的征程中，我们需要深化对传统文化的科学认知，赋予优秀传统文化新的时代内涵和现代表达形式；需要以客观礼敬的态度对待传统文化，既要看到它在推动传统社会发展中的重要作用，又要明晰它所蕴含的糟粕劣根，更要承认传统文化的优秀基因经过创新转化在当今时代仍具有重大的思想价值和现实意义，以此激发传统文化的创造活力，助推社会主义现代化建设。

4.1.5 相关知识

中国饮食文化

中国饮食文化是有着悠久历史的博大精深的中国文化。

在中国传统文化教育中的阴阳五行哲学思想、儒家伦理道德观念、中医营养摄生学说，还有文化艺术成就、饮食审美风尚、民族性格特征诸多因素的影响下，创造出彪炳史册的中国烹饪技艺，形成博大精深的中国饮食文化。

从外延看，中国饮食文化可以从时代与技法、地域与经济、民族与宗教、食品与食具、消费与层次、民俗与功能等多种角度进行分类，展示出不同的文化品位，体现出不同的使用价值，异彩纷呈。

4.1.6 任务拓展训练

通过“中华经典资源库”等门户网站了解我国传统文化，如传统诗词、美食、工艺品、建筑、传统艺术等，选择自己感兴趣的方面收集资料，制作成 PPT 或短视频；开展主题班会，相互展示自己的成果，了解中华文化。

任务二 中国传统劳动教育

4.2.1 任务描述

以劳树德。劳动教育对于立德树人，促进学生全面发展具有不可替代的作用。劳动教育可以促进学生形成勤俭节约、踏实肯干、意志坚定、团结协作的优良品质，使之成为有大爱大德大情怀的人。品德修养不是一蹴而就的事，需要在长期的社会实践中、在日常生活的点点滴滴中踏踏实实地磨炼达成。劳动教育对于青少年践行社会主义核心价值观，传承中华优秀传统文化，实现中华民族伟大复兴的中国梦具有重要意义。

——《浅析中国古代生产与教育结合的方式对现今大学生劳动教育的启示》

4.2.2 任务分析

传统文化是在农业生产基础上形成的农业文明，浩如烟海的农业文明中凝结了无数劳动人民的智慧，结合所学内容，查询历史典故，下基层走访农村，搜集传统文化中的劳动知识，形成调查报告，感受劳动智慧，传承劳动精神。

4.2.3 任务实施

在五千年的历史长河中，我们的先民形成了丰富的劳动思想，时至今日，这些思想中仍有许多内容闪耀着智慧的光芒，影响着一代又一代中国人，并成为当今劳动教育理论的重要思想来源。本节我们尝试梳理中国古代劳动思想与教育发展，以期古为今用，为当代中国特色社会主义劳动教育提供有益的借鉴和参考。

一、传统哲学中的劳动反思

古人不仅重视劳动和劳动分工，而且还形成了独特的劳动哲学，其中道家的思想影响最大。道家思想对我国古代劳动哲学的影响主要表现在两个方面，这两个方面在某种程度上可以说是相互冲突的。一方面，中国古人重视劳动技能的提升，以至于把劳动上升到艺术的层面，方法是精神专一，心无旁骛，最后达到心物一体，即魏源所概括的“技可进乎道，艺可通乎神”，这正是今天我们所倡导的工匠精神的最生动写照。但另一方面，古人特别是道家学派又将器物的精巧与人心的技巧生硬地联系到一起，认为“有机械者必有机事，有机事者必有机心”，是失去了“纯白”之质的表现。

二、农耕文明中的劳动分工

众所周知，近代西方最早系统阐述劳动分工理论的是英国经济学家亚当·斯密。但实际上，早在春秋战国时期，中国的思想家们就已经提出了劳动分工的观点。虽然中国古代的经济形态总体上是自给自足的自然经济，但这并不意味着没有分工或不重视分工。因为在劳动实践中，一人不可能身兼数艺，再加上生产力的发展和生产技术的不断提高，劳动分工就成为必然之势。

三、劳力与劳心的价值之辩

关于劳动的重要性，古人都有明确的认识。但如何看待劳动特别是体力劳动，则有不同意见。

总的看来，由于受礼制和等级观念的影响，春秋战国时期的思想家普遍鄙视劳动特别是体力劳动，认为只有所谓“小人”（地位低下者）才从事体力劳动，而所谓“君子”则应“劳心”“勤礼”，且劳力者应为劳心者所役使。春秋战国以来的知识界特别是儒家对体力劳动的看法，可以说在很大程度上直接影响了此后两千多年中国社会的走向。

但是，儒家思想对劳动价值观的影响绝不止于此。由于儒家思想的复杂性，其对劳动价值观的影响实际上有两个方面。一方面，儒家固然强调劳心劳力的对立和抑彼扬此，从而引导士人将读书视为功名之路、利禄之途；另一方面，儒家也强调人格的独立，强调“义”，而独立人格的获得也需要劳动作为保障。

四、仁政思想中的劳动正义

劳动正义是“对劳动方式、劳动活动和劳动关系的正义追问”，“本质上是对劳动方式、劳动活动和劳动关系之合理性前提和目的性根据的哲学反思和价值检审”。简言之，就是追问劳动所得与付出是否合理。

对劳动者的主体农民来说，土地就是最重要的生产资料，劳动应享有劳动所得，首先也是最重要的就是要有土地。历代农民起义所提出的口号也多是围绕土地、公平等展开。少数思想家则提出了均分土地的设想，如清初的颜元提出“天地间田，宜天地间人共享之”的主张；其弟子李塨认为，要实现孟子所说的“制民恒产”，就得实行“均田”之法：“非均田，则贫富不均，不能人人有恒产。”颜元、李塨还提出了“佃户分种”的具体主张，即用渐进的手段将地主多余的土地，在某种条件之下分给农民耕种，三十年后，转移其使用权，从而达到均田的目标。李塨还主张用“收田”的手段，将官府所收集的土地分给农民耕种，达到“有田者必自耕，勿募人代耕”，“惟农为有田耳”。

五、耕读传家中的劳动教育

我国是世界上最早从事农业生产的国家之一，农业是先民们生存和发展的第一要事，伴随着农业的推广，农耕文明也逐渐发展起来。数千年以来，农耕文明对一代又一代的中国人产生了巨大的影响，也促进了人类社会的变革与演进。而耕读文化正是中国数千年农耕文明在特定的历史时期所形成的乡村文化。

古代先民将“耕”和“读”结合起来，希望拥有耕读相结合的生活方式，因此白天从事农业劳动与晚上挑灯读书共同构成了我国独特的耕读文化，这与我们所强调的实践和学习相统一的劳动教育是不谋而合的。

从“耕以致富，读能荣身”的朴素愿望，到“胸怀天下，振兴中华”的理想追求，

耕读传家

耕读文化在发展中形成的开拓进取、自信达观、自强不息的精神培养了一代又一代的中华儿女。

当然，古代耕读文化传承和劳动教育也有一些消极因素，如技艺传承的封闭性、人身依附关系、有技术无科学、不利于社会流动等。但劳动教育发展历经千年，仍然有一定的合理性，我们应该取其精华，去其糟粕，认真总结中国古代非精英阶层的劳动教育实践的经验和优点，促进今天劳动教育体系的发展与完善。

4.2.4 任务总结

生产与教育结合是中国古代原始简单的教育与生产劳动相结合，或多或少地存在于几乎整个中国古代社会，其实践与理论也在不断地完善与提高。产生这种现象的原因，或是知识分子的贫困，或是对理想社会的追求，扩大了教育的社会基础。这种现象的存在说明教育与生产劳动相结合是自古存在的，有其历史渊源，并且存在对现代教育的启示价值。中华民族自古以来就热爱劳动，当代学生要传承勤劳勇敢、热爱劳动的民族精神。

4.2.5 相关知识

耕读——中国古代的教育与生产劳动相结合

耕读结合是中国古代原始简单的教育与生产劳动相结合，或多或少地存在于几乎整个中国古代社会，其实践与理论也在不断地完善与提高。产生这种现象的原因，或是知识分子的贫困，或是山林文化的影响，或是对理想社会的追求。耕读扩大了教育的社会基础，促使了学生的平民化，并是培养道德、陶冶情操的重要手段。耕读现象的存在说明教育与生产劳动相结合是自古存在的，有其历史渊源。

4.2.6 任务拓展训练

调查我国传统文化中与劳动有关的产物，如“二十四节气歌”等，以 PPT、短视频或当场解说等形式加以展示；并开展相关主题班会，分享每个人在调查方面的所得，深入了解我国传统劳动教育。

任务三 新中国劳动教育发展进程

4.3.1 任务描述

70年来，从体力劳动、思想改造到培养劳动情感、态度、价值观与知识技能；从服务生产建设到与全面发展和素质教育相结合；从课堂教学、校内实习到家、校、社会三方合作；劳动教育概念的内涵和外延在变与不变中酝酿、沉淀。进入新时代，劳动价值观、劳动素养、劳动体验、儿童生活与成长等关键词使劳动教育焕发新机。梳理不同时期劳动教育概念的演变历程，廓清不同历史背景下劳动教育概念的内涵与外延，对新时代劳动教育的开展大有裨益。

——《新中国成立以来“劳动教育”概念的嬗变》

4.3.2 任务分析

新中国成立后，开启了以工业化为主要标志的社会主义建设，对各级各类人才提出了紧迫的需求，为培养千万技能人才和亿万劳动者为主的职业教育开辟了广阔的天地。以“新中国成立后不同时期学校劳动教育的形式”为主题进行调查，设置调查任务，以此来窥见新中国劳动教育发展的进程。

4.3.3 任务实施

2018年9月，习近平总书记在全国教育大会上特别提及“劳动教育”。2019年1月，教育部部长陈宝生也明确指出：要狠抓劳动教育，将“劳”纳入教育方针。2019年启动的义务教育课程方案与课程标准修订中，劳动教育也是专家们关注的核心话题之一。大力加强劳动教育成为新中国成立以来不同时期教育工作的重要主题之一。

从教育政策学视角出发，我们可以将我国劳动教育历史演变大致划分为初塑时期、政治化时期、现代化初建时期、转型发展时期、整合发展时期、新时代发展时期。

一、劳动教育初塑时期（1949～1955年）

“劳动和劳动教育是人存活的自然手段。”1949年新中国成立后的新民主主义时期，国家以建设与恢复发展为主要任务，劳动教育也以个人与国家的生存与发展为主要目的进行初塑。国家将这一时期的教育方针定义为“为工农服务，为生产建设服务”，通过教育支援工农生产，通过教育推动国家建设。1950年，教育部副部长钱俊瑞在《改革旧教育，建设新教育》报告中最初提及“实行教育与生产结合”的教育方针。这一概念的提出使劳动教育在新中国国家政策中有了新的内涵，推动与基础生产相结合的劳动成为教育的新形式，在劳动中开展教育、通过劳动进行教育以及劳动推动教育发展。

新中国成立初期，国家对劳动教育进行了崭新的探索，完成了劳动教育基本体系的初塑。但在政策落实过程中，存在地区、课程不平衡的问题，人们普遍的劳动意识和劳动习惯还未形成，辍学人数依旧攀升，劳动教育落实的探索依旧任重道远。

二、劳动教育政治化时期（1956～1977 年）

三大改造完成后，社会主义制度确立下来，为新的政治制度服务成了这一时期劳动教育新的探索目标。1958 年，《中共中央、国务院关于教育工作的指示》指出党的教育工作方针是“教育为无产阶级的政治服务，教育与生产劳动相结合”。此后十年，“文革”期间的劳动教育更是带有浓重的“以阶级斗争为纲”的色彩。劳动教育在教育方针中有了一席之地，但同时因过度政治化而走向异化发展时期。

这一时期的劳动教育主要被视为阶段斗争的手段，强调通过劳动教育进行思想改造，这是劳动教育的政治化阶段，也是劳动教育的异化阶段，偏离了马克思主义强调的以现代科学知识为基础、以机器为工具的现代劳动，是一种不健全的发展态势，国家在拨乱反正后势必会对劳动、对教育进行大刀阔斧的改革。

三、劳动教育现代化初建时期（1978～1992 年）

1978 年，改革开放揭开了时代新篇章，劳动教育改革也提上日程。这一时期的教育方针深深植根于经济建设大背景下，为国家的全方面改革建设服务，与国民经济快速发展相契合。国家通过根本法的方式对教育进行进一步厘清：“国家发展社会主义的教育事业，提高全国人民的科学文化水平。”国家对“文化大革命”时期的教育破旧立新，重新规定了教育的阶级属性。邓小平同志多次在全国工作会议上指出，要在新的社会背景下，研究如何在批判继承的基础上更好地贯彻落实教劳结合的教育方针，如何更好地让教育为经济建设添砖加瓦。积极探索教育与生产劳动在新时期新的融合发展模式成了新时期现代化发展的重要命题。

这一时期，国家全面改革劳动教育异化时期教育的失衡，肃清劳动教育中的不成熟不合理因素，推动劳动教育为新时期现代化建设服务，结合国情将现代化教育落到实处，在大政方针上进一步规定了劳动教育适应现代化发展的新趋势。

四、劳动教育转型发展时期（1993～2000 年）

1993 年 11 月，党的十四届三中全会举行，社会主义的现代化建设步伐加快，劳动教育迎来了学科化向综合实践化发展转向的过渡时期。1993 年，《中国教育改革和发展纲要》（以下简称《纲要》）指出，当前的教育工作任务是要进一步提高劳动者素质，推动形式上和技能上的劳动教育。《纲要》拉开了劳动教育现代化转型的序幕，推动劳动教育逐渐走向制度化和规范化的道路。江泽民同志多次在全国工作会议上强调了党的教育方针要大力贯彻落实，推动了劳动教育的转型发展。

这一阶段劳动教育的发展处于重大转型阶段，综合实践化、人本化和素质教育化是该阶段过渡的重点和目标，人的劳动培养由此有了更全面的内涵和意义，为21世纪全面建成小康社会中劳动教育的发展奠定了思想理论根基与初步探索经验。

五、劳动教育整合发展时期（2001～2011年）

2001年，《国务院关于基础教育改革与发展的决定》发布，赋予了劳动教育愈加丰富的内涵与要求，推动了劳动教育迈入整合发展的时代。

进入21世纪以后，对知识和人才的尊重融合了教育的发展，劳动教育进入整合发展时期，通过综合实践活动课程的方式让劳动教育更加多元化、以人为本凸显课程内在人文性价值的丰富化，劳动情感教育将劳动情感进行整合塑造精神世界的繁盛；全面推进学生自主参与社会综合性实践，培养独立意识，认知劳动创造的乐趣与重要性。

六、劳动教育新时代发展时期（2012年至今）

2012年党的十八大后，我国进入中国特色社会主义新时代，教育的改革发展也进入了新时代。在综合素质评价稳步推进以及立德树人教育体系逐步完善的大背景下，将“劳”纳入教育方针提上了工作日程。

首先，坚持价值引领，确立新时代思想方向。2015年7月，教育部等各部委相继发表有关劳动教育的重要意见，指出劳动教育在贯彻党的教育方针要求、实施素质教育和培育践行社会主义核心价值观方面具有难以估量的重要作用，对价值观塑造具有重大战略意义。

其次，加强法律建设，明确新时代制度规范。2015年12月，《全国人民代表大会常务委员会关于修改〈中华人民共和国教育法〉的决定》明确提出，“教育必须与生产劳动与社会实践相结合”，用法律的形式再次强调了“教劳结合”。

最后，建立长效机制，永葆新时代劳动教育生机与活力。新中国成立以来，劳动教育缺乏健全机制，有关政策的推行多服务于社会建设，缺乏自身的独立性和连续性，综合实践活动课程也多停留在课程表上。因此，各院校应建立劳动教育长效机制，推进教劳实质性结合，落实劳动与教育的内在融合，引发劳动价值自主体验、劳动意识自主萌发，将劳动教育的发展落到实处。

新时代以来，劳动教育开始加速发展，关于劳动教育的落实机制也愈加健全，劳动教育更加趋向价值观的引领，多学科资源的相互整合与开放性包容性的方式方法不断涌现，新时代劳动教育健全的实践体系正在构建。

4.3.4 任务总结

新中国成立以来，我国高度重视青年学生劳动教育。明确新中国成立以来我国加强青年学生劳动教育的几个发展历程，知晓加强青年学生劳动教育的意义，并提出制定制度化的劳动教育人才培养方案、形成丰富的劳动教育内容、搭建全方位的劳动实践平台、提供必要的劳动教育保障的基本路径，是目前亟待解决的任务。

4.3.5 相关知识

当代学生劳动教育研究（节选）

（三）总结

1. 当代学生劳动整体素质较高

这个主要表现为：劳动价值观较正确，劳动习惯较正常，劳动想法较多等。从S学校的总体情况来看，绝大多数学生的劳动素质还是较高的，很多学生在观念上都能够正确认识劳动，正确看待劳动教育，这也影响着周边人，影响着全校的发展。

2. 学生、劳动和教育之间的问题

基于S学校当前的现状，可以看出尽管总体的劳动素质很高，但是学生参与校园劳动的积极性并不高，更多的是带着目的性地参与其中。劳动培养的是我们的实践能力，发扬的是吃苦耐劳的优秀品质，做任何事情都能够持之以恒，脚踏实地，“经风雨，见世面，方能绳锯木断，水滴石穿”。如果为了某一指标或者带有任务地去完成，打破了赋予劳动的意义和精神价值。同时，这也说明当下教育的缺陷，不仅是家庭教育、校园教育，社会教育也在不同程度地影响着每个人，没能正确引导学生，导致学生在认知方面出现偏差，进而影响到行为。再看劳动教育方面，劳动内容过于简单，形式过于单一，这也是职业院校亟待解决的问题。学校多是采取让学生参与简单的体力劳动这一形式进行劳动教育，只重视体力劳动而忽视了脑力劳动，缺乏对劳动相关教育内容的系统性传授，这过于单一的劳动教育也降低了大学生对劳动的兴趣和喜爱程度，达不到预期的教育效果，在很大程度上阻碍了职业院校教育的发展。

3. 劳动教育方面存在问题的原因

对于劳动教育存在问题的原因解析，主要可以分为三个方面：对学生劳动教育的重视度不够；对学生劳动教育缺乏科学系统的管理；没有很好地发挥学生的主观能动性。

首先，不管是数据分析，还是现状了解，都可以看出家庭、学校和社会对劳动教育的不重视，家庭教育的缺位，学校教育的忽视，社会教育的轻视，致使表现出劳动观念薄弱、缺乏劳动技能等现象，甚至部分大学生会出现好逸恶劳、鄙视劳动等不良习气。家庭教育的严重脱节，本该从小灌输的正确理念没有到位；学校教育则认为劳动教育由来已久，一直是老生常谈的内容，学生从小学就开始接受劳动教育，因此没有必要再占用一定的职业院校思想政治教育教学资源和空间来对大学生进行教育；到了社会教育的时候，现代社会越来越表现出功利化的价值观，这在无形中影响着大学生，众多大学生也就不再重视劳动，不会无偿劳动，不会奉献社会，最后大学生的劳动观念彻底被扭曲。

其次，前面也提到当下职业院校劳动教育方式单一性，这说明了职业院校在大学生劳动教育方面有很大的缺陷，那么归根结底，就是职业院校缺乏系统管理大学生劳动教育科学方法。以S学校为例，劳动教育内容在思想政治教育中所占的比重并不是很大，举办以劳动教育为主题的活动也并不多，提供的劳动实践岗位也是少数，勤工助学、暑期实习等，与学生之间挂钩的形式太单一化。另外，多数职业院校没有开设劳动教育相关课程，有些学校即便有劳动教育课程，也没有与课程相对应的教材设施。在教学过程中也一直是“填鸭式”的方式教授，缺少必要的实践和案例赋予劳动教育更丰富的内涵，最终让劳动教育的意义大打折扣。

最后，我们从数据分析的结果可以总结出一些学生参与劳动实践活动并不积极，相反的都是目的性极强地去参与一些劳动实践活动，但是个人的主观能动性并不高，没有了报酬等的吸引，相当一部分人不会主动去参与一些劳动实践活动。很多职业院校也没有为学生提供必要的实践活动机会，没有定期定量之类的强制性措施，导致大学生在劳动方面主观能动性的降低。还有部分学生存在“劳动是工人、农民该干的事情，与学生无关，学生的主要任务就是学习”等思想，对于个人劳动卫生问题得过且过，没有必要投入太多精力。

4.3.6 任务拓展训练

采访自己的父母、祖父母或其他年长者，了解新中国成立后几十年来的劳动生活，让他们回忆有哪些对于他们影响较大的劳动相关政策，结合本课所学写成主题报告；开展主题班会，相互分享自己的调查所得，深入理解几十年来劳动教育的进展。

任务四　新时代劳动教育的使命——立德树人

4.4.1　任务描述

2016 年 12 月 7 日，习近平在全国职业院校思想政治工作会议上强调：“要坚持把立德树人作为中心环节，把思想政治工作贯穿教育教学全过程，实现全程育人、全方位育人，努力开创我国高等教育事业发展新局面。”2018 年 5 月 2 日，在同北京大学师生座谈时，他再次强调：“要把立德树人的成效作为检验学校一切工作的根本标准，要把立德树人内化到大学建设和管理各领域、各方面、各环节，做到以树人为核心，以立德为根本。”

2019 年 7 月 3 日，教育部召开“不忘初心、牢记使命”主题教育大中小学劳动教育专题调研座谈会，深入贯彻落实习近平总书记关于劳动教育的重要论述，对照新时代培养德智体美劳全面发展的社会主义建设者和接班人要求，集思广益、群策群力，为劳动教育把脉问诊、开方抓药。

4.4.2　任务分析

教育部部长陈宝生指出，党的十八大以来，习近平总书记站在党和国家事业发展的高度，立足新时代的历史方位，着眼于为中国特色社会主义事业培养德智体美劳全面发展的建设者和接班人、培养担当民族复兴大任的时代新人，对加强劳动教育作出了一系列重要论述。习近平总书记指出，尊重劳动、尊重创造、尊重知识、尊重人才，把尊重劳动放在“四个尊重”之首，更加突出了劳动教育的基础作用。教育系统要全面贯彻党的教育方针，抓紧做好顶层设计，深入推进劳动教育。

教育系统要深入贯彻落实好习近平总书记关于劳动教育的系列重要论述，从不同学段不同对象的实际出发，处理好劳动教育的观念、目标、过程、评价，保证劳动教育的正确方向，充分发挥劳动教育在立德树人中的重要作用。

4.4.3　任务实施

一、劳动教育在人才培养体系中的独特地位

劳动是人类基本的实践活动和存在方式，是人类创造物质财富和精神财富的基本途径，也是人类生存和发展的最基本条件。

职业院校肩负着人才培养、科学研究、社会服务、文化传承创新、国际交流合作的重要使命，在完成立德树人这一根本任务，培养又红又专、德才兼备、全面发展的中国特色社会主义合格建设者和可靠接班人的过程中，必须把强化大学生劳动情怀培育作为一项重要任务。

教育事业培养的人才是德智体美劳全面发展的社会主义的接班人。劳动与教育是密不可分的，不存在也不应该存在不含有劳动因素的教育。因此，劳动教育不是孤立存在的，是要和德育、智育、体育、美育互相交织、有机联系，形成促进人的全面发展的现代人才培养体系。

二、劳动教育支撑职业院校立德树人的逻辑维度

职业院校加强劳动教育，发挥劳动教育在育人功能上的塑造健全人格、锤炼高尚品格、磨炼顽强意志的重要作用，才能培养德智体美劳全面发展的社会主义建设者和接班人。

（一）梦想实现维度

劳动教育发挥实现梦想的作用，有利于提高思想政治教育的实践性。通过劳动教育实现个人梦想，并为现实的政治任务、经济任务以及其他任务服务，是职业院校思想政治教育立德树人的基本要求。一方面，劳动教育是大学生实现梦想的必修课；另一方面，大学生的个人梦想是中国梦的精彩音符。今天，国际上中美贸易摩擦不断，国家对科技的依赖程度不断增强，实现中华民族伟大复兴的中国梦，很大程度上取决于科技创新能力的提高，取决于科研人员的素质。因此，大学生只有刻苦学习、积极实践才能为中国梦的实现提供牢固的现实基础和可靠的支撑力量。

（二）价值引导维度

劳动教育发挥价值引导的作用，有利于加强思想政治教育的针对性，培育正确的劳动价值观是职业院校思想政治教育亟待解决的核心问题。

习近平指出：“青年的价值取向决定了未来整个社会的价值取向，而青年又处在价值观形成和确立的时期，抓好这一时期的价值观养成十分重要。”

学生正确的劳动价值观不仅直接影响在学生阶段的学习和生活，更关系到走向工作岗位以后的就业倾向、价值取向、社会责任等方面的精神特质。但是，在劳动教育中，正确的劳动价值观不是一朝一夕、短期努力就能培育出来的，而是要通过持之以恒、日积月累才能沉淀下来并固化为价值观。大学生的劳动教育必须要培养他们的劳动态度、劳动习惯、劳动技能和劳动品德才能最终树立正确的劳动价值观，从而为其将来走向工作岗位奠定坚实的基础。

（三）实践育人维度

劳动教育发挥实践育人的作用，有利于拓宽思想政治教育的实现路径。思想政治教育不能仅通过理论说服人和书本教导人两种方式，还必须以实践为基础，通过实践来提高思想政治教育的有效度，增加思想政治教育的深度。劳动是联系知识与实际的纽带，劳动生活和劳动实践对于大学生来说，不但可以印证所学的课堂知识，把教科书的专业知识内化为个体认知，培育创新意识，而且还可以从具体的劳动过程中体会

劳动的意义和快乐，发现和感悟关于生命、人生、价值等层面的道理，从而实现人的自由全面发展。

（四）以文化人维度

劳动教育发挥以文化人的作用方式具有间接性和潜在性，有利于增强思想政治教育的吸引力。学生正确劳动观的形成是学生自身与各种社会、自然环境共同作用的结果。学生会不知不觉地受到身边社会环境和物质环境的感染和熏陶，因此职业院校重视劳动教育具有非常重要的价值，它不仅能够使劳动观教育贴近学生实际，增强学生的劳动认同，而且一定程度上还可以使学生在校园活动过程中受到潜移默化的教育。

三、劳动教育在职业院校立德树人中的功能整合

劳动教育不是一蹴而就的，要融于青少年成长成才的全过程。劳动教育具有鲜明的实践性特征，因此劳动教育的有效开展既需要与人才培养体系有机匹配，又必须在现实行动中予以实施，从而实现对立德树人的支撑。

（一）道德素养与日常实践结合

职校学生正处于世界观、价值观和人生观形成的重要时期，生活阅历缺乏，基本生活技能欠缺，尚未完全形成对人生的深刻体验和感悟。劳动作为沟通主观与客观的中介，有助于学生的道德素养获得全面成长。

现在有些职业院校开设一项学生管理工作改革，投入专项经费设置勤工助学岗位，让学生负责校园环境卫生，去食堂做帮工，去打扫宿舍楼卫生，其中包括厕所卫生。让学生在参与美化和净化学校的劳动过程中，亲身体验“一粥一饭之不易，一丝一缕之艰辛”，尊重劳动价值，尊重别人的劳动付出，养成吃苦耐劳的品格，培养良好的劳动习惯，获得一定的劳动技能，增强集体荣誉感。

（二）专业学习与社会实践结合

在劳动教育的培育目标上要把握好专业学习和社会实践的结合，培养社会主义的建设者和接班人。一方面，劳动教育要渗透到专业课程中。在职业院校的专业课上，到处都有劳动教育的资源。在具体涉及劳动教育内容的相关文科课程中引导学生培育劳动情怀，树立正确的劳动价值取向。另一方面，劳动教育要渗透到社会实践中。实践出真知，劳动教育必须超脱黑板上的教育，转化为行动教育。职业院校在劳动教育中，要加大对劳动情怀的培育，可以通过建设教学与科研紧密结合的实践教学基地以及学校与社会密切合作的校企办学等途径，增加实验实践教学课时，通过参加具体的劳动实践，让大学生切身体会劳动的艰辛，增长社会阅历，增加社会体验，增强社会竞争力。

（三）创业就业与价值实现结合

学生要顺应时代发展的要求，不仅要勤于学习，敏于求知，还要善于实践，勇于创新探索，在就业或创业的过程中实现人生价值。一方面，树立正确的择业观，增大就业满意概率，实现人生价值。择业观在很大程度上受劳动观影响，也可以说，有什么样的劳动观，就会有什么样的择业观；反之，择业观的正确确立在一定程度上也会促进正确劳动观的形成。另一方面，创业是一种创造性劳动，是一个从无到有、从理

念到行动、从不知到可知的劳动过程。在这个过程中，不仅需要了解新情况，解决新问题，而且需要有苦干实干、勇于创新的激情和魄力。学生正处在最富活力、最富创造力的人生阶段，他们理应成为创新的主体。我们要坚持创新创业教育，弘扬创造性劳动光荣的良好风气，保护并培养年轻人的批判思维，引导大学生敢于并善于打破常规，在实践中推陈出新、在就业创业上开创局面，在价值实现的过程中凝聚成促进社会发展、国家进步的强大动力。

（四）锤炼品格与艰苦锻炼结合。

学生在艰苦锻炼的实践过程中不断锤炼品格，通过亲身感受和体验，不仅加深对主观世界和客观世界的认知，而且提升对未来人生规划中的主动性和创造性。

一方面，劳动是锤炼品格、砥砺青春的“磨刀石”。劳动可以磨炼人的意志，增强人的自信，促进人的全面自由发展。人只有在劳动中能动地发挥聪明才智，才能真正地认识自己。通过劳动，特别是集体劳动和一些富有创造性的劳动，有助于培养和激发人的集体意识、责任意识和担当意识。

另一方面，艰苦锻炼铸就干事业的历史担当。在恶劣的自然条件下，繁重的劳动生活能够磨炼其顽强拼搏的奋斗精神、坚毅刚强的意志品质和勇于担当的品格风范。作为大学生来说也同样适用，在创业就业的初始阶段都是艰辛的，只有拥有吃苦耐劳的拼搏、艰苦卓绝的努力，才有可能实现人生价值。

而这些都需要树立正确的劳动观，展现热爱劳动、磨炼劳动意志的精神，拥有推陈出新的魄力和勇气，坚定劳动意志，克服一道道难关，真正承担起为中华民族的伟大复兴而奋斗的历史担当。

4.4.4 任务总结

劳动教育要在德智体美劳五育并举的人才培养体系中，准确理解劳动的政治属性、教育属性、实践属性，准确把握新时代劳动教育的丰富内涵和重大意义，落实立德树人的根本任务。

4.4.5 相关知识

厘清立德树人根本任务中“德”的含义

立德树人是教育的根本任务，对象是广大青少年群体，培养目标是德智体美劳全面发展的社会主义建设者和接班人。青少年阶段是人生的“拔节孕穗期”，最需要精心引导和栽培。学术界对立德树人的重要意义和实施方法有过很多讨论，对立德树人之“德”的含义，大都是从道德品质层面进行界定，认为主要是指道德。厘清“立德树人”基本内涵特别是“德”的含义，不仅是值得探索的理论与学术问题，更是关系到有效落实立德树人根本任务的重要实践问题。理解立德树人的“德”，要立足于培养担当民族复兴大任的时代新人、社会主义建设者和接班人的战略高度，做到以树人为核心，以立德为根本。

中国共产党历来重视德育在人才培养中的重要作用，始终将“德”放在人才标准的首位，强调德才兼备、以德为先。党的十八大报告首次将“立德树人”确立为教育的根本任务，党的十九大报告进一步指出要“落实立德树人根本任务”。在北京大学师生座谈会上，习近平总书记强调：“要把立德树人的成效作为检验学校一切工作的根本标准，真正做到以文化人、以德育人，不断提高学生思想水平、政治觉悟、道德品质、文化素养，做到明大德、守公德、严私德。要把立德树人内化到大学建设和管理各领域、各方面、各环节，做到以树人为核心，以立德为根本。”习近平总书记关于立德树人根本任务的重要论述，抓住了教育本质，明确了教育使命，为人才培养指明了方向。

落实立德树人根本任务，最根本的是要全面贯彻党的教育方针，解决好“培养什么人、怎样培养人、为谁培养人”这个根本问题。培养什么人，是教育的首要问题。习近平总书记强调，“我们党立志于中华民族千秋伟业，必须培养一代又一代拥护中国共产党领导和我国社会主义制度、立志为中国特色社会主义事业奋斗终身的有用人才。在这个根本问题上，必须旗帜鲜明、毫不含糊”，“培养德智体美劳全面发展的社会主义建设者和接班人”。这是教育工作的根本任务，也是教育现代化的方向目标。才者，德之资也；德者，才之帅也。要实现树人目标、完成树人任务，首先必须“立德”，坚持育人为本、德育为先。立德树人的“德”，应该是“大德、公德、私德”之总称，与德智体美劳中“德”的含义相同，包括政治、道德、法律，即理想信念、道德品质、法治素养三个方面。立德就是要在坚定青少年理想信念、塑造青少年道德品质、涵养青少年法治素养方面下大功夫、花大力气。

理想信念是精神之钙、政治灵魂。要培育青少年坚定的理想信念，坚定马克思主义信仰、共产主义远大理想、中国特色社会主义共同理想，树立实现中华民族伟大复兴的自信心，解决好世界观、人生观、价值观这个“总开关”问题。教育引导学生把理想信念建立在对科学理论的理性认同上，建立在对历史规律的正确认识上，建立在对基本国情的准确把握上，教育引导学生树立和坚持正确的历史观、民族观、国家观、文化观，增强民族自豪感和自信心，把自己的理想同祖国的前途、把自己的人生同民族的命运紧密联系在一起，自觉把个人的理想追求融入国家和民族的事业中，立志听党话、跟党走，扎根人民、奉献国家，在实现“两个一百年”奋斗目标进程中建功立业。思想政治理论课是落实立德树人根本任务的关键课程。我们办中国特色社会主义教育，就是要理直气壮开好思政课，用习近平新时代中国特色社会主义思想铸魂育人，引导学生增强中国特色社会主义道路自信、理论自信、制度自信、文化自信。

道德属于上层建筑的范畴，是一种特殊的社会意识形态。习近平总书记指出，“人人都是一块玉，要时常用真善美来雕琢自己，不断培养高洁的操行和淳朴的情感，努力使自己成为高尚的人”，“做人做事第一位的是崇德修身”，要“从做好小事、管好小节开始起步”，“学会感恩、学会助人，学会谦让、学会宽容，学会自省、学会自律”，“踏踏实实修好品德，成为有大爱大德大情怀的人”。这些重要论述是对学生品德修养的要求，也是提升学生品德修养的切入点。要培育青少年爱国情怀、集体意识、品德修养，正确处理国家、集体、个人三者关系。培养学生的爱国情怀，让爱国主义精神在学生心中牢牢扎根，把爱国情、强国志、报国行自觉融入坚持和发展中国特色社会主义事业、建设社会主义现代化强国、实现中华民族伟大复兴的奋斗之中；着力引导学生把正确的道德认知、自觉的道德养成、积极的道德实践紧密结合起来，自觉培育和践行社会主义核心价值观。

法治兴则国家兴，法治衰则国家乱。全面依法治国是坚持和发展中国特色社会主义的本质要求和重要保障，社会主义法治是中国特色社会主义的制度基石。习近平总书记指出，“法治人才培养上不去，法治领域不能人才辈出，全面依法治国就不可能做好”，“法学教育要坚持立德树人，不仅要提高学生的法学知识水平，而且要培养学生的思想道德素养”。法安天下，德润人心。从改革开放新时期到中国特色社会主义新时代，与法相关的概念经历了从法制到法治的变化过程，法的教育也从培养法制观念到培育法治理念。在全面依法治国、建设法治中国的进程中，青少年肩负着重要责任，关系到中国特色社会主义法治建设的未来和希望；青少年是法治教育的主要群体，要培育与养成青少年尊法、学法、守法、用法的基本理念和行为习惯，做遵纪守法的现代公民。

参考自：《光明日报》

4.4.6 任务拓展训练

收集网络上的立德树人相关理论的文章以及立德树人的典型案例，选取其中2～3篇写读后感，谈一谈你在阅读之后对“立德树人”的认识，并在班级内相互分享所得。

项目小结

我国现已成为全球第一制造大国，但工业大而不强，总体尚处于工业化中后期，有的地方甚至处于工业化前期，技工荒、高技能人才短缺等问题影响了工业化进程，因此必须提升职业教育在国家战略中的地位。

从实际出发，结合当地自然条件、经济状况和文化积淀，不断探索体现实效的劳动教育实施路径，在全社会大力营造“劳动光荣、创造伟大”的舆论氛围，让劳动教育的路子越走越宽广。围绕劳动教育体系的关键点，加快建设完善，把四梁八柱立起来，目标树起来，课时定下来，内容选出来，评价硬起来。

拓展提高

我国的劳动教育经历了漫长的发展过程，并对我国人民生产生活的方方面面产生影响。选取从古至今任何一个年代，结合当时的社会现状谈一谈当时的那个年代为什么会产生那样的劳动教育（如“耕读文化”）？那样的劳动教育对当时人们的生产生活又产生了怎样的影响？

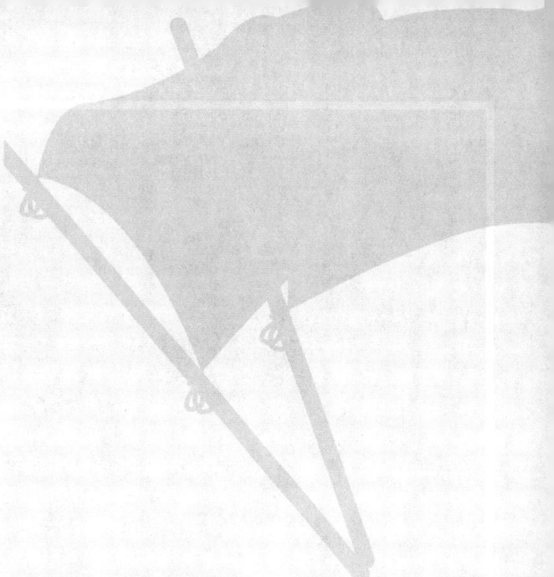

项目五

匠心筑梦

——传承新时代工匠精神

项目导言

工匠精神，英文是 Craftsman's Spirit，是一种职业精神，是职业道德、职业能力、职业品质的体现，是从业者的一种职业价值取向和行为表现。“工匠精神”的基本内涵包括敬业、精益、专注、创新等方面的内容。

项目描述

当前，我国正处在从工业大国向工业强国迈进的关键时期，培育和弘扬严谨认真、精益求精、追求完美的工匠精神，对于建设制造强国具有重要意义。而只有对新时代“工匠精神”的基本内涵形成共识，才能树匠心、育匠人，为推进中国制造的“品质革命”提供源源不断的动力。

为了传承工匠精神，某中等职业院校开展了“传承经典，筑梦未来”的小学期计划，要求利用寒暑假学习一门传统技艺，融合本专业所学知识，开学后以视频形式上交作品，并评选出一、二、三等奖各一名。获胜者除有奖金外，还可参观与本校有合作关系的名师工作室，感受传统凝萃的魅力，传承匠者仁心。

如果你是该校的学生，你打算以什么角度为切入点，完成你的小学期作业？

教学目标

知识目标：了解工匠精神的含义

能力目标：理解工匠精神对当今中国的重要性

情感目标：理解如何能在将来的工作生活中发挥工匠精神

教学任务

任务一　工匠精神的内涵与来源

任务二　工匠精神的当代意义

任务三　铭记新时代劳模精神

建议学时

2 课时

任务一 工匠精神的内涵与来源

5.1.1 任务描述

工匠精神是中国人自古及今、绵延百代孜孜以求的。早在《诗经》中，就把对骨器、象牙、玉石的加工形象地描述为“如切如磋”“如琢如磨”。对此，孔子在《论语》中十分肯定，朱熹《论语集注》中解读为“治之已精，而益求其精也”。再如《庄子》中的“庖丁解牛，技进乎道”，《尚书》中的“惟精惟一，允执厥中”以及贾岛关于“推敲”的斟酌，都体现了古代中国的匠人精神。

5.1.2 任务分析

工匠精神是工匠们在长期职业实践过程中养成的良好职业素养、彰显的特有职业品质。这种素养品质是职业精神的萃取，是优秀文化的凝练，是成就工匠的深层次的逻辑因由，是一种形上引领又使人们追梦出彩的精神资源。正是在这个意义上，工匠精神成为职业教育育人的价值标高，成为职业教育人才“质检”的衡量标尺。它是引领职业教育人才培养方向的新共识、新规范、新目标。

培养学生的工匠精神，核心在践行，关键在要明了和锁定工匠精神所蕴含的目标维度。只有首先确立要达到的培养目标，培养过程才会有方向、有定位、有远方，才能瞄准标高，凝心聚力，逐梦前行。

5.1.3 任务实施

一、工匠精神的内涵

工匠精神主要有以下几种内涵：

1. 敬业

敬业是从业者基于对职业的敬畏和热爱而产生的一种全身心投入的认认真真、尽职尽责的职业精神状态。中华民族历来有“敬业乐群”“忠于职守”的传统，敬业是中国人的传统美德，也是当今社会主义核心价值观的基本要求之一。早在春秋时期，孔子就主张人在一生中始终要“执事敬”“事思敬”“修己以敬”。“执事敬”，是指行事要严肃认真不怠慢；“事思敬”，是指临事要专心致志不懈怠；“修己以敬”，是指加强自身修养保持恭敬谦逊的态度。

2. 精益

精益就是精益求精，是从业者对每件产品、每道工序都凝神聚力、精益求精、追求极致的职业品质。所谓精益求精，是指已经做得很好了，还要求做得更好，“即使做一颗螺丝钉也要做到最好”。正如老子所说：“天下大事，必作于细。”能够基业常青的企业，无不是精益求精才获得成功的。

3. 专注

专注就是内心笃定而着眼于细节的耐心、执着、坚持的精神，这是一切“大国工匠”所必须具备的精神特质。从中外实践经验来看，工匠精神都意味着一种执着，即一种几十年如一日的坚持与韧性。“术业有专攻”，一旦选定行业，就一门心思扎根下去，心无旁骛，在一个细分产品上不断积累优势，在各自领域成为“领头羊”。在中国早就有“艺痴者技必良”的说法，如《庄子》中记载的游刃有余的“庖丁解牛”，《核舟记》中记载的奇巧人王叔远等。

故宫专家谈工匠精神：沉心钻研持之以恒

4. 创新

“工匠精神”还包括着追求突破、追求革新的创新内蕴。古往今来，热衷于创新和发明的工匠们一直是世界科技进步的重要推动力量。新中国成立初期，我国涌现出一大批优秀的工匠，如倪志福、郝建秀等，他们为社会主义建设事业作出了突出贡献。改革开放以来，“汉字激光照排系统之父”王选，“中国第一、全球第二的充电电池制造商”王传福，从事高铁研制生产的铁路工人和从事特高压、智能电网研究运行的电力工人等都是“工匠精神”的优秀传承者，他们让中国创新重新影响了世界。

二、工匠精神的来源

“工匠精神”一词最早出自聂圣哲，他培养出来的一流木工匠士，正是来自这种精神。相信随着国家产业战略和教育战略的调整，人们的求学观念、就业观念以及单位的用人观念都会随之转变，“工匠精神”将成为普遍追求，除了“匠士”，还会有更多的“士”脱颖而出。

在2016年的政府工作报告中，李克强总理指出：“要鼓励企业开展个性化定制、柔性化生产，培育精益求精的工匠精神。”近些年来，频繁出现在媒体的“中国智造”“中国创造”“中国精造”“工匠精神”，如今成为决策层共识，写进政府工作报告，显得尤为难得和宝贵。

著名企业家、教育家聂圣哲曾呼吁：“中国制造”是世界给予中国的最好礼物，要珍惜这个练兵的机会，决不能轻易丢失。“中国制造”熟能生巧了，就可以过渡到“中国精造”；“中国精造”稳定了，不怕没有“中国创造”。千万不要让“中国制造”还没有成熟就夭折了，路要一步一步走，人动化（手艺活）是自动化的基础与前提。要有工匠精神，从“匠心”到“匠魂”。一流工匠要从少年培养，有些行业甚至要从 12 岁开始训练。要尽早恢复学徒制。税制要改革，要促成地方政府对制造业重视的局面。

三、工匠精神传授

传授手艺的同时，也传递了耐心、专注、坚持的精神，这是一切手工匠人所必须具备的特质。这种特质的培养，只能依赖于人与人的情感交流和行为感染，这是现代的大工业的组织制度与操作流程无法承载的。“工匠精神”的传承，依靠言传身教的自然传承，无法以文字记录、以程序指引，它体现了旧时代师徒制度与家族传承的历史价值。

5.1.4 任务总结

弘扬工匠精神，是适应国际竞争，推动中国制造走出去的需要。近年来，许多国家提出了各种具有前瞻性的发展战略，我们必须加快经济发展方式转型和产业结构升级，才能在激烈的国际竞争中站稳脚跟，才能推动我国企业走出去。因此，大力弘扬工匠精神，培育出大批大国工匠，全面提升职工素质，已成为当务之急。

5.1.5 相关知识

关于 CCTV 纪录片《工匠精神》

栏目简介

《工匠精神》是一档记录企业以精益求精、永不言败的工匠精神，打造卓越产品的大型高清纪录片。以各行业中的精英企业为拍摄蓝本，由编导挖掘企业发展历程、企业家奋斗故事、行业升级变迁经历等素材，通过创作加工来传递工匠精神在企业发展中的核心意义。

拍摄背景

由于工业 4.0 和中国制造 2025 概念的深入普及，传统的工匠精神再一次在众多场合被提起，这说明我国的某些企业正在进一步走向更精细高端的产业升级的路上。追根求源，我们发现这些企业行业不同、规模不一，但都源于企业家的工匠精神，源于企业家的匠心铸造。后工业时代后，“工匠精神”的本质象征就是工业文明的核心法则，它追求的是工业化进程中的严谨、一丝不苟、专业、耐心、专注、精益求精。

《工匠精神》就是一款介绍当代企业变迁的商业纪录片节目，通过更新颖的视觉媒体创作手法，通过国际化视野来讲述企业的发展历程，以此观察、记录“中国制造”再出发之旅。《工匠精神》记录中国企业家用数十年工匠情怀打造的匠心产品，让世界爱上中国制造。

拍摄信息

2016年5月6日，中央电视台大型高清纪录片《工匠精神》摄制组走进安徽宣酒集团开机仪式隆重举行。安徽宣酒集团是一家传统白酒企业，长期坚守、坚持传统的小窖酿造，其工艺不断精湛，入选非物质文化遗产，并获国家地理标志产品保护，是安徽省首家入选中央电视台《工匠精神》纪录片的企业，也是白酒行业唯一入选的企业。《工匠精神》总导演孟繁文介绍说，央视《工匠精神》摄制组选择宣酒，就是因为宣酒企业在弘扬工匠精神方面走在了前面，造就了一批出色的工匠。

5.1.6 任务拓展训练

本课学习了工匠精神内涵的几个方面（敬业、精益、专注、创新），请你针对其中一个方面收集历史或当代的名人故事，谈谈你对这个方面的认识，并召开主题班会相互分享各自的收集成果。

任务二　工匠精神的当代意义

5.2.1 任务描述

某中等职业学校的刀剑、青瓷专业，实训课时占到一半以上。校内专门开辟了实训工坊，为学生提供真刀真枪的劳动实践场地。

记者来到校内的宝剑锻打房，一股热浪迎面袭来。窑炉附近温度实测超过40℃。学生柳晨亮正抡着7斤多重的大铁锤，每一次敲打声铿锵有力。

刀剑专业教师赖俊杰告诉记者，如今很多企业用的是高频炉和空气锤，而学校的实训工坊依然保留了传统的火炉和铁锤。夏天室内不能开空调，学生实训时个个热得汗流浃背。有时，学生抡铁锤稍有不慎，一把剑就可能前功尽弃，“但他们在千锤百炼中学到的是原汁原味的传统技艺，跳动着一颗匠人的心”。

5.2.2 任务分析

要发挥好新时代中国工匠精神的作用，必须处理好劳模精神、劳动精神、工匠精神的关系，使三者的作用得以充分发挥，从而在全社会形成尊重劳动、尊重劳模、尊重工匠的良好氛围，为决胜全面建成小康社会，夺取新时代中国特色社会主义伟大胜利贡献更大的力量。

5.2.3 任务实施

一、工匠精神在个人和企业家的含义

2016 年 3 月 5 日，李克强总理在做政府工作报告时说，鼓励企业开展个性化定制、柔性化生产，培育精益求精的工匠精神，增品种、提品质、创品牌。“工匠精神”出现在政府工作报告中让人耳目一新，有媒体将其列入“十大新词”予以解读。古语云：“玉不琢，不成器。”工匠精神不仅体现了对产品精心打造、精工制作的理念和追求，更是要不断吸收最前沿的技术，创造出新成果。

工匠精神落在个人层面，就是一种认真精神、敬业精神。其核心是：不仅把工作当作赚钱养家糊口的工具，而是树立起对职业敬畏、对工作执着、对产品负责的态度，极度注重细节，不断追求完美和极致，给客户无可挑剔的体验。将一丝不苟、精益求精的工匠精神融入每一个环节，生产出打动人心的一流产品。与工匠精神相对的则是“差不多精神”——满足于 90%，差不多就行了，而不追求 100%。我国制造业存在大而不强、产品档次整体不高、自主创新能力较弱等现象，多少与工匠精神稀缺、“差不多精神”显现有关。

工匠精神落在企业家层面，可以认为是企业家精神。具体而言，表现在几个方面：第一，创新是企业家精神的内核。企业家通过从产品创新到技术创新、市场创新、组织形式创新等全面创新，从创新中寻找新的商业机会，在获得创新红利之后，继续投入、促进创新，形成良性循环。第二，敬业是企业家精神的动力。有了敬业精神，企业家才会有将全身心投入到企业中的不竭动力，才能够把创新当作自己的使命，才能使产品、企业拥有竞争力。第三，执着是企业家精神的底色。在经济处于低谷时，其他人也许选择退出，唯有企业家不会退出。改革开放 40 多年来，我国涌现出大批有胆有识、有工匠精神的企业家，但也有一些企业家缺乏企业家精神。可以说，企业家精神的下滑，才是经济发展的隐忧所在。

二、工匠精神在当代社会的意义

“工匠精神”在当今企业管理中有着重要的学习价值。

当今社会心浮气躁，追求“短、平、快”（投资少、周期短、见效快）带来的即时利益，从而忽略了产品的品质灵魂。因此企业更需要工匠精神，才能在长期的竞争中获得成功。当其他企业热衷于“圈钱—做死某款产品—再出新品—再圈钱”的循环时，坚持“工匠精神”的企业，依靠信念、信仰，看着产品不断改进、不断完善，最终通过高标准要求历练之后，成为众多用户的骄傲。无论成功与否，这个过程，他们的精神是完完全全的享受，是脱俗的也是正面积极的。

中国很多企业的产品质量为什么搞不好？原因虽然很多，但最终可以归结到一个方面上来，就是做事缺乏严谨的工匠精神。中国的产品质量不如日本，重要原因之一就是人家做事比我们更严谨，更具有工匠精神。

企业不能盲目学习和引进日本式管理。日式管理最值得学习的是一种精神，而不是具体做法，这种精神就是工匠精神。所谓工匠精神，第一是热爱你所做的事，胜过爱这些事给你带来的钱；第二就是精益求精，精雕细琢。精益管理就是追求“精”和“益”。在日本人的概念里，你把它从60%提高到99%，和从99%提高到99.99%是一个概念。他们不跟别人较劲，而是跟自己较劲。

三、工匠精神的精神发展与新型理解

曾经，工匠是中国老百姓日常生活中须臾不可离的一种职业，木匠、铜匠、铁匠、石匠、篾匠等，各类手工匠人用他们精湛的技艺为传统生活景图定下底色。随着农耕时代结束，社会进入后工业时代，一些与现代生活不相适应的老手艺、老工匠逐渐淡出日常生活，但工匠精神永不过时。

工匠精神就是要求企业如同一个工匠一样，琢磨自己的产品，精益求精，经得起市场的考验和推敲。工匠精神的核心是企业要追求科技创新，技术进步。如果说企业是国家的经济命脉所在，那么一个以科技创新，技术进步为主体的企业，就是民族振兴的动力源泉，是国家财富增加的源泉所在。

工匠精神是工业经济时代的一种产物，它是一种精致化生产的要求，它对农业生产同样适用。从农业生产来讲，实际上就是从源头保证食品安全，从种植开始，原料、化肥、土地等要保证安全；还有就是它的品质和质量，这里也需要工匠精神。

5.2.4 任务总结

党的十九大报告中提出：“建设知识型、技能型、创新型劳动者大军，弘扬劳模精神和工匠精神，营造劳动光荣的社会风尚和精益求精的敬业风气。”报告中所提的“工匠精神”，具有新时代内涵。新时代的“工匠精神”的基本内涵，主要包括爱岗敬业的职业精神、精益求精的品质精神、协作共进的团队精神、追求卓越的创新精神这四个

方面的内容。其中，爱岗敬业的职业精神是根本，精益求精的品质精神是核心，协作共进的团队精神是要义，追求卓越的创新精神是灵魂。

5.2.5 相关知识

智能制造之工匠精神——追求极致 精益求精

智能新视界，工业新未来。2019 世界智能制造大会将于 10 月 17～19 日在南京举行。在智能制造飞速发展的今天，“工匠精神”依然是企业发展不可或缺的支撑。为了体现“工匠精神”在智能化进程中的作用，我们来到南京熊猫汉达科技有限公司，与傅祥和翟惠敏两位“南京工匠”对话。

傅祥：“工匠精神”促进制造企业自主创新

“70 后”的傅祥从南京技师学院毕业后，进入熊猫集团负责钳工机加工、晶片分选机的安装和调试工作。他从基础操作学起，不断提升钳工理论水平，锤炼实操技能，专注钳工岗位 20 余年，参与了各种型号卫星通信天线的研发和生产，获得了“全国技术能手”“江苏省企业首席技师”“大国工匠”“南京工匠”等多项荣誉。

“我觉得一个人一辈子可以做成很多件事，但把一件事用一辈子做好却很难，因为这需要有足够的耐性和细心，成功了不能浮躁，失败了不能气馁，在这反复的成功与失败之间，才能成就一代匠人。”在傅祥看来，工匠精神不仅是追求极致，还要不断创新。他安装的船载卫星天线上有一个组成部件叫汇流环，由于长期依赖进口，经常会受到供应商的掣肘，严重影响企业科研生产任务。为了克服这一瓶颈，傅祥带领团队成员开始攻关，经过了三个多月的刻苦攻关，终于开发出了新型汇流环，当年就为公司节约 200 多万元的成本，并且拥有自主知识产权，打破了国外产品的垄断。

随着制造业智能化的升级改造，傅祥认为智能制造大大节约了能源、人力、物力等资源，从而带来更高效便捷的生产效率。

对于制造业智能化过程中为什么还需要工匠精神，傅祥有着自己的理解：“智能制造和‘工匠精神’是一个相互关联的整体，‘工匠精神’不仅可使智能产品更专业，质量更精细，而且还有助于产业转型升级。”傅祥坚信，在大力推广智能制造的同时，“工匠精神”作为制造业的软实力，必定会促进制造企业的自主创新。

翟惠敏：智能化对“人”的要求更高

自 1987 年进入熊猫集团从事无线电焊接工作，翟惠敏已经工作了 32 年，她一步步成长，从一名技术“小白”成长为一名无线电焊接专家，并先后获得“全国技术能手”“全国三八红旗手”“江苏工匠”“江苏省企业首席技师”等称号。

“我的工作就是与一个个精密元器件打交道，把它们一个个元器件根据设计图纸焊接在印制板上。”翟惠敏告诉大家，这个工作需要精工细作，有的元器件不到芝麻大，有些元器件之间的距离只有 0.3 毫米，与一根头发丝差不多，并且整个印制板的焊接点成千上万，焊不好就会黏在一起。这种精密焊接组装工作，是一份经验积累的工作，需要心、手、眼的高度配合，更需要的是“工匠精神”。

在翟惠敏心里，工匠精神是精益求精、持之以恒、爱岗敬业、守正创新，要具备专注、坚守、耐心、淡然、创新以及不断突破自我的优良品质。她坚信只有“勤”，才会有成果。她向大家介绍：有一次在焊接一种进口的微波可调电容时，她发现损坏率接近35%，由于该电容器用量大、价格高、采购周期长，直接影响交货进度。于是她查阅有关参数，反复实验，把焊接温度从320 ℃降到290 ℃，焊接时间也缩短到2秒，最终优化了操作方法，合格率一下子提高到99.8%。

近年来，伴随着电子产品的高集成化，器件也由直插件到贴片件，焊接方式也从传统的手工焊接转变为先进的自动化焊接，这大大降低了人工成本，提高了生产效率。但翟惠敏认为，手工焊接并不会完全被代替，样板及维修还需要手工操作。

翟惠敏说：“在智能化生产使用设备的操作过程中，由于智能化生产系统更加复杂，其实对操作人员的能力要求更高了，操作人员只有把设备参数设置到最佳状态，才能制造出高品质的‘精品’。”

参考自：南京市委宣传部

5.2.6 任务拓展训练

拜访相关企业或实际参观当代科学成果展馆，了解当代“匠人”们是如何在实际工作中践行工匠精神的，并进一步体会“工匠精神”在我国当代社会发展中发挥了怎样的作用。以调查报告的方式记录成文，并相互分享参观所得。

任务三　铭记新时代劳模精神

5.3.1 任务描述

劳模精神，是指“爱岗敬业、争创一流、艰苦奋斗、勇于创新、淡泊名利、甘于奉献”的劳动模范的精神。

5.3.2 任务分析

根据所学知识，了解劳模精神与工匠精神的关系，了解劳模精神的主体是劳模，工匠精神的主体是职工，二者之间既有联系，又有区别。一方面，和工匠精神相比，劳模精神是一种高层次的道德追求。劳模精神除了强调卓越的技能，同时还强调高尚的道德情操，劳模精神作为时代精神的一种体现，对全社会起到了引领作用。工匠精神更多地强调技术上精益求精的不懈追求，它是对广大职工的一种时代要求，更强调职工的个体完善。另一方面，弘扬劳模精神和工匠精神，都是为了全面提高广大职工素质，加快建设一支知识型、技能型、创新型产业工人队伍，为建设社会主义现代化强国充分发挥工人阶级主力军作用。

5.3.3 任务实施

关于劳模精神的十大内涵

劳动模范是优秀劳动者的典型代表，劳模精神激励了千千万万普通劳动者坚守信念、立足岗位、开拓创新、建功立业。深入考察劳模精神的丰富内涵，清晰阐释劳模精神的内在逻辑，准确判断劳模和劳模精神研究的学术方位，对于解读劳模本质、探究劳模品格、宣传劳模价值和弘扬践行劳模精神，具有重要的理论价值和重大的实践意义。

劳模精神是工人阶级先进性的集中体现。在中国革命、建设、改革的各个历史时期，我国工人阶级都具有走在前列、勇挑重担的光荣传统，我国工人运动都同党的中心任务紧密联系在一起。劳动模范作为工人阶级的优秀代表，是时代的引领者，在工作生活中发挥了先锋和排头兵作用，他们以辛勤劳动、诚实劳动和创造性劳动，持续推动着社会进步、国家发展和民族复兴。劳模精神作为劳动模范的思想内核、行动指南和精神灯塔，成为推动时代前进的强大精神动力，充分体现了工人阶级先进性的主体地位，彰显了工人阶级的伟大品格，推动了工人阶级的成长进步。

劳模精神是工人阶级主人翁意识的集中凸显。主人翁意识是劳模精神的内在本质，是正确认识和理解劳模精神的关键词。正是因为自觉的、强烈的主人翁意识，劳模才以车间为家、以厂为家、以企为家、以国为家，才具有积极主动的岗位意识、职业意识、进取精神和创新精神，才在本职工作中充分发挥积极性、主动性和创造性，才能够艰苦奋斗、淡泊名利、甘于奉献，自觉把人生理想、家庭幸福融入国家富强、民族复兴的伟业之中，最终建构起个人与集体、个人梦与中国梦、小家与国家民族融合统一的发展共同体和命运共同体。

劳模精神是社会主义核心价值观的生动诠释。劳模精神的重要元素和构成因子，像岗位意识、职业精神、进取精神、拼搏精神、创新精神、家国情怀和奉献精神等，是对社会主义核心价值观的生动诠释和现实呈现。可以说，劳模精神是社会主义核心价值观的具象化、人格化和现实化。一方面，劳模是遵循社会主义核心价值观的典范样本，是社会主义核心价值观的模范实践者、生动传播者和最有说服力的检验者；另一方面，劳模之所以能够生成劳模精神，能够成为全社会学习的典范，一个重要原因就在于其主动自觉地遵循并践行了社会主义核心价值观。

劳模精神是时代精神的生动体现。劳模精神是引领时代新风的精神高地，生动体现了时代精神的精神实质、主要特征和重要内容。一方面，劳模精神具有鲜明的时代特征，是时代精神的生动体现。作为一种文化精神，劳模精神不是一成不变的，而是实践的、创新的、鲜活的、生动的存在，随着国家意识形态、经济社会形势和时代变迁而不断演变发展。另一方面，劳模精神推动了时代精神的发展，丰富了时代精神的内涵。在劳模的创造性实践和不断探索中，激发出蕴含着自主性、首创性、先进性元素的劳模精神，呈现着社会进步的发展方向。劳模精神不断为时代精神注入新能量，凸显并丰富时代精神的内涵。

劳模精神是民族精神的重要组成部分。一方面，劳模精神是民族精神核心要素的集中体现。劳模精神既体现了以爱国主义为核心的团结统一、爱好和平、勤劳勇敢、崇德尚礼、公而忘私的民族情怀，又体现了知行合一、自立自强的人生追求。另一方面，劳模精神是民族精神创新发展的重要推动力量。劳模精神始终与时俱进，创新丰富了民族精神。一代又一代劳模，用自己的辛勤劳动、诚实劳动和创造性劳动，为民族精神注入新能量，不断丰富着民族精神的博大内涵。

劳模精神是劳动精神的积极呈现。劳模精神继承并发展了中华民族传统优秀的劳动观念，树立并彰显了一种辛勤劳动、诚实劳动、创造性劳动的新理念，营造并弘扬了一种劳动光荣、技能宝贵、创造伟大的时代风尚，生成并传播了一种劳动者至上、劳动者平等、劳动者可敬、劳动最光荣、劳动最崇高、劳动最伟大、劳动最美丽的劳动观。也正因如此，劳动者才能通过自己的劳动，收获满足感、快乐感、尊严感，在创造丰富物质财富的同时，也拥有丰盈的精神世界。

劳模精神当代品格的核心要素是工匠精神。从本质上讲，工匠精神是一种基于技能导向的职业精神，它源于劳动者对劳动对象品质的极致追求，它具有精益求精、专注执着、严谨慎独、创新创造、爱岗敬业以及情感浸透、自我融入的基本内涵，既表现了极致之美的品质追求，又体现了敬业之美的精神原色，更展现了创造之美的价值升华。工匠精神是劳模精神的重要构成要素，也是劳模精神当代品格的核心体现。工匠精神充分凸显了新时代劳模精神爱岗敬业、精益求精、追求卓越的精神品质和价值导向，可以说，工匠精神是对劳模精神的重要深化和丰富发展。

劳模精神是培育时代新人的重要手段。一方面，劳模精神作为社会主义核心价值观的生动体现，更简单为人们所理解，更容易为人们所接受，更方便为人们所模仿，将对培育时代新人起到重要推动作用。另一方面，通过强化教育引导、舆论宣传、文化熏陶、实践养成、制度保障，培养和造就具有劳模精神的时代新人，就能够激发广大劳动者干事创业的积极性、主动性和创造性。因此，要紧密围绕培养时代新人这个重大命题，在全社会特别是各级学校教育中培育、弘扬和践行劳模精神，引导全社会特别是青少年树立正确的劳动价值观，全面提升劳动者的整体素质和精神品格。

劳模精神是文化自信的重要支撑。一方面，劳模精神是中国特色社会主义文化的重要组成部分，始终贯穿于建设中国特色社会主义文化的全过程。劳模精神植根于中华民族劳动过程特别是中国特色社会主义伟大实践，充分继承并发展了中华优秀传统文化和社会主义先进文化。另一方面，弘扬和践行劳模精神，有助于坚定文化自信，推动社会主义文化繁荣兴盛。弘扬和践行劳模精神，有助于牢牢把握意识形态工作领导权，有助于培育和践行社会主义核心价值观，有助于加强思想道德建设，有助于促进中国特色社会主义文化繁荣发展。

劳模精神是实现伟大复兴中国梦的重要力量。一方面，劳模精神是实现伟大复兴中国梦的宝贵精神财富。在全社会弘扬和践行劳模精神，营造尊重劳动、尊重知识、尊重人才、尊重创造的社会氛围，涵养以辛勤劳动为荣、以好逸恶劳为耻的社会风气，培育积极健康、开放包容的社会心态，才能够让“劳动光荣、创造伟大”成为时代强音，让“辛勤劳动、诚实劳动、创造性劳动”成为普遍认同的价值遵循。另一方面，劳模精神是实现伟大复兴中国梦的强大精神力量。要实现伟大复兴中国梦，实现从制造大国向制造强国的华丽转身，建设知识型、技能型、创新型劳动者大军，必须要大力弘扬和践行劳模精神。如此，才能够真正为中国经济社会发展汇聚强大正能量，才能真正为实现中华民族伟大复兴中国梦增砖添瓦。

5.3.4 任务总结

全面建成小康社会，实现中华民族伟大复兴的中国梦，必须依靠劳动，必须依靠广大劳动者。榜样的力量是无穷的，要在全社会贯彻尊重劳动、尊重知识、尊重人才、尊重创造的重大方针，大力宣传劳动模范和其他典型的先进事迹，引导广大人民群众向劳模学习，以劳模为榜样，把劳模精神、劳动精神、工匠精神作为勇往直前的精神力量，树立辛勤劳动、诚实劳动、创造性劳动的理念，营造劳动光荣的社会风尚和精益求精的敬业风气，让劳动最光荣、劳动最崇高、劳动最伟大、劳动最美丽蔚然成风，让全体人民进一步焕发劳动热情、释放创造潜能，不断谱写新时代的劳动者之歌。

5.3.5 相关知识

发挥工会力量　推动劳动教育

近日，中共中央、国务院出台了《关于全面加强新时代大中小学劳动教育的意见》（以下简称《意见》），强调要把劳动教育与德育、智育、体育、美育相融合，积极探索具有中国特色的劳动教育模式，其意义重大而深远。工会作为我国工人阶级的群众组织，理应在推进新时代劳动教育中发挥重要作用。

一是发挥工会组织的特点和优势，大力加强对《意见》的学习宣传贯彻。工会组织分布广泛，目前全国有各级工会组织 280 余万个，覆盖基层单位 655 万多家。组织体系健全，宣传阵地丰富，与工人阶级和广大劳动群众联系紧密，这是工会的优势所在。要积极组织发动各级工会组织，充分运用工会报刊、网站、“两微一端”、电子职工书屋等平台，加强对《意见》的全方位、对象化、分众化宣传，并将其与学习贯彻习近平总书记关于工人阶级和工会工作的重要论述相结合，推动《意见》精神进基层、进群众头脑，促进《意见》落地见效。

二是以“中国梦·劳动美”主题宣传教育活动为抓手，深入推进劳动教育的实施。“中国梦·劳动美”主题宣传教育活动是工会的一项品牌活动，是弘扬劳动精神、劳模精神、工匠精神的重要载体，社会影响广泛。劳动教育既是立德树人的任务要求，也是在个人成长成才中服务国家经济社会发展的价值引领，与弘扬劳动精神、劳模精神、工匠精神高度契合，是新时代开展劳动教育的题中应有之义。各级工会要进一步深化“中国梦·劳动美”主题宣传教育活动，借势借力推进劳动教育，引导全社会树立辛勤劳动、诚实劳动、创造性劳动的理念，让劳动光荣、创造伟大成为铿锵的时代强音，让劳动最光荣、劳动最崇高、劳动最伟大、劳动最美丽的观念蔚然成风。

三是全国各级工会要普遍开展社会劳动教育，充分发挥工会协同育人作用。中华全国总工会所属的中国劳动关系学院1992年创办了劳模本科班，2019年在全国高校首次设立劳模学院，进一步扩大劳模本科教育办学规模，加强劳动教育研究和相关教材的编写；上海等地工会创办了工匠学院，2017年复旦大学、上海交通大学等10所高校聘请了包起帆、李斌等10位知名劳模为“劳模（工匠）精神进校园”特聘教授，让一线工人登上高校的讲台。各级工会要认真总结推广这些成功经验和有效做法，大力建设劳模展示馆等劳模育人示范基地，鼓励劳模（工匠）担任学生人生导师、实习导师、职业导师，打造“工匠中国”等品牌课程，做精做细劳模和工匠人才创新工作室，举办好各种大型主题品牌宣传活动，规范新时代工匠学院建设，推动社会劳动教育广泛深入持久开展。在社会发展中进一步鼓励劳动创造，使通过劳动来推动经济社会发展、创造美好幸福生活真正成为人们特别是青少年的共同心声和普遍追求；引导全社会更加尊重劳动者，大力发展和谐劳动关系，促进社会和谐稳定，为在全社会推进劳动教育提供有力支撑。

参考自：《中国教育报》

5.3.6 任务拓展训练

实际参加一次义务劳动或实习工作，体会一下劳模精神和工匠精神的关系。

项目小结

全面建成小康社会，实现中华民族伟大复兴的中国梦，必须依靠劳动，必须依靠广大劳动者。榜样的力量是无穷的，要在全社会贯彻尊重劳动、尊重知识、尊重人才、尊重创造的重大方针，大力宣传劳动模范和其他典型的先进事迹，引导广大人民群众向劳模学习，以劳模为榜样，把劳模精神、劳动精神、工匠精神作为勇往直前的精神力量，树立辛勤劳动、诚实劳动、创造性劳动的理念，营造劳动光荣的社会风尚和精益求精的敬业风气，让劳动最光荣、劳动最崇高、劳动最伟大、劳动最美丽蔚然成风，让全体人民进一步焕发劳动热情、释放创造潜能，不断谱写新时代的劳动者之歌。

拓展提高

本项目学习了工匠精神的有关内容，请就你将来打算从事的工作收集行业名人资料。思考：在你将来的工作中要怎样践行这种工匠精神？

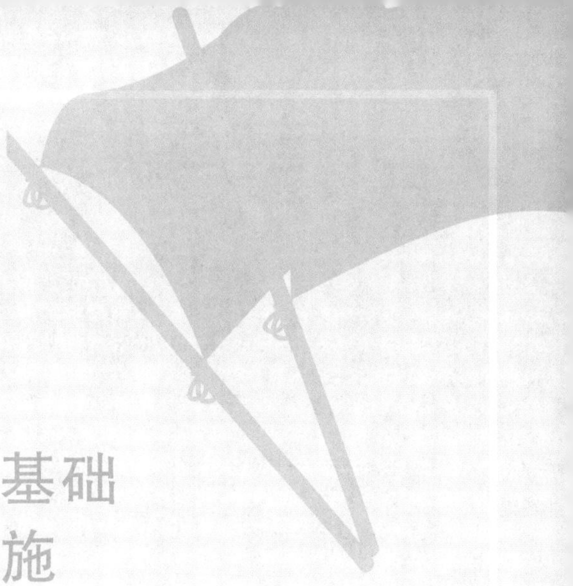

项目六

新时代职业院校学生的基础劳动教育课的落实和实施

项目导言

中职学校应着力培育弘扬劳动精神、劳模精神和工匠精神，将劳动教育纳入人才培养方案，融入学校教学全过程；要开设劳动教育必修课程，以实习实训课为主要载体开展劳动教育，其中劳动精神、劳模精神、工匠精神专题教育不少于16学时；还应安排组织学生开展形式多样的劳动实践活动；要联合中小学开展劳动和职业启蒙教育，将动手实践内容纳入相关课程和学生综合素质评价，引导学生形成劳动光荣、技能宝贵、创造伟大的观念。

——北京日报《中职学校需开劳动教育必修课》

项目描述

某中等职业院校为了进一步落实基础劳动教育课程，使学生了解基础劳动教育课的基本知识，掌握基础劳动教育课程内容与要求，更加深入领会劳动教育的重要性，上好基础劳动教育课，开展了劳动教育教学优化评比。请模拟该场景，开展一场师生互动的教学评比。

教学目标

知识目标：了解基础劳动教育课的基本知识

能力目标：掌握基础劳动教育课课程内容与要求

情感目标：能够更加深入领会劳动教育的重要性，上好基础劳动教育课

教学任务

任务一　课程概述

任务二　理论教学内容和基本要求

任务三　劳动实践教育课程内容与要求

任务四　职业院校基础劳动教育的发展趋势

建议学时

2 课时

任务一　课程概述

6.1.1　任务描述

作为全国首批“劳动教育研究中心”，某职业技术学院率先开展劳动教育研究，探索实施“二二一”劳动教育课程体系。以新商科专业群的融合课为例，“专业导论”设置“劳动＋专业”模块，编印教材《新商科专业学生劳动素养》，突出学生应具备的劳动技能和劳动素养；专业基础课“经济学基础”增加“劳动经济学”章节；各实训课程增设劳动素养养成环节，通过项目化、活动式的课程模块实施。

6.1.2　任务分析

通过一段时间的学习，大家对劳动教育课程都有了一定的认识，通过了解劳动教育的课程性质、课程目标等，对合理建设劳动课程献策。

6.1.3　任务实施

一、课程性质

基础劳动教育课是提高学生综合素质和能力，树立劳动观念，端正劳动态度，学习劳动技能，增强自我管理、自我服务意识，培养广大学生吃苦耐劳的优良品质和合作意识，养成爱劳动、守秩序、讲卫生、做文明人的良好习惯的基础性课，是一门品德实践教育必修课程。

二、课程目标

通过劳动教育和实践，端正学生对劳动的思想认识和劳动态度，使学生掌握劳动技能，增强团结协作，传承吃苦耐劳、艰苦奋斗和珍爱劳动成果的优良品质，提高学生的文明素质和综合素质，培养广大学生好的文明行为习惯，弘扬劳动精神，教育引导学生崇尚劳动、尊重劳动，懂得劳动最光荣、劳动最崇高、劳动最伟大、劳动最美丽，树立学生正确的世界观、人生观和价值观，促进其德、智、体、美、劳全面发展。

三、课程课时

劳动教育课已列入全校各专业人才培养方案和课程教学计划，学生在校第一学年期间，参加以班级为单位组织的劳动教育课理论教学和集中劳动实践周，共计 40 课时。其中，劳动教育课理论教学（包括技能培训）为 4 课时，应在班级劳动实践周的前一周组织进行。劳动实践周为星期一至星期日，共 7 天，周总计 36 课时，即星期一、星期二、星期四和星期五每天按 6 课时计算，星期三、星期六、星期日每天按 4 课时计算。另外，星期三下午安排 2 课时的义务劳动活动。

四、课程学分

劳动教育课总课时计 2 学分。学生个人修满课时、达到理论考试和实践考核标准，并且劳动态度端正、遵守劳动纪律、劳动效果明显，结合个人平时行为习惯评定课程成绩，60 分及以上为及格，未达到 60 分者应重新修读，学生所获学分、成绩记入个人档案。

6.1.4 任务总结

小小泥刀玩出新境界
职业教育铸就大国工匠

劳动和劳动技术教育是职业教育不可缺少的重要组成部分，是全面贯彻落实教育方针，实施素质教育、提高学生总体素质的基本途径。学校要正确认识劳动技术教育的育人价值与功能，完善劳动教育课程实施方案。

6.1.5 相关知识

将劳动教育纳入课程体系

早在 2015 年，教育部就发布了《关于加强中小学劳动教育的意见》，规定 2020 年之前，中小学要推动建立课程完善的劳动教育体系。但受课时及现实因素的限制，学校的劳动教育缺乏保障。

对此，永嘉学院副院长王寿斌认为，开展劳动教育，需要统一设立劳动必修课程和劳动周，也要在其他课程中融入劳动教育的内容和要求。他同时强调，职业院校要充分挖掘和调动社会资源，广泛吸纳家长及相关行业专业人士担任劳动实践指导教师，共同组织开发具有地方特色的劳动教育本土化教材。

作为全国首批“劳动教育研究中心”，金华职业技术学院率先开展劳动教育研究，探索实施“二二一”劳动教育课程体系。“二二一”课程体系的第一个“二”是指针对大一新生的劳动基础课，包括劳动教育通识课和基础劳动锻炼课；第二个“二”是指针对大二学生的劳动进阶课程，包括“劳动十专业”融合课和公益劳动实践课；“一”是指针对大三学生的企业劳动实践课程。以新商科专业群的融合课为例，“专业导论”设置“劳动十专业”模块，编印教材《新商科专业学生劳动素养》，突出学生应具备的劳动技能和劳动素养；专业基础课“经济学基础”增加“劳动经济学”章节；各实训课程增设劳动素养养成环节，通过项目化、活动式的课程模块实施。

不仅如此，金华职业技术学院还针对实践课程制订了劳动素养评价体系，从劳动态度、劳动能力、劳动效率、合作精神等 4 个指标考评学生的劳动态度和成效。各专业群根据不同的人才培养目标和要求设置更为具体的指标内容，并将考评结果作为学生综合素质评价的重要组成部分。

无独有偶，龙泉市中等职业学校专门制订了《学生综合素质发展行动计划》《劳动和技能课大纲》，将劳动教育课程和专业课程有机融通，劳动教育和职业岗位实践实行积分比例互换，考核结果作为学生综合素质评定、评先评优、毕业求职的重要依据。

参考自：浙江教育报《职业院校如何上好劳动教育这门“必修课”》

6.1.6　任务拓展训练

回忆一下，你在小学和中学阶段经历过什么样的劳动教育，是否参加过劳动课或者学校组织的劳动活动？你对这类课程或活动有什么看法？并结合本课所学，谈谈你认为职业院校的劳动教育课与之前学段的劳动教育课相比有何异同。

任务二　理论教学内容和基本要求

6.2.1　任务描述

习近平总书记指出“劳动是人类的本质活动，劳动光荣、创造伟大是对人类文明进步规律的重要诠释”。《国家职业教育改革实施方案》进一步贯彻深化了这些重要论述，提出新时代职业教育人才培养目标在于着力培养高素质劳动者和技术技能人才。从这些重要论述和文件精神来看，劳动教育是职业教育的应有之义，并体现在职业教育的全过程中。

6.2.2　任务分析

通过学习，学生认识到劳动的重大意义；培养学生爱劳动、爱惜劳动成果、尊重劳动者的品质；教育学生勤奋学习，将来担负起艰巨的建设任务，并教育学生正确对待升学、就业和分配。

6.2.3　任务实施

一、开设劳动教育课的意义

劳动教育是教育发展的内在需求，是社会主义教育的重要特色和优势。劳动教育既能引导学生热爱和尊重劳动，弘扬劳动精神，又是开展教育工作的重要保障和必然选择。

（一）劳动教育是遵循马克思主义教育思想的必然要求

对照人类社会的发展史，无论人类解放和自身发展，还是获得财富，都离不开劳动，幸福也需要通过劳动创造。马克思提出了生产劳动与教育相结合的劳动教育思想，并确定其为办好社会主义教育的一条重要原则；不同于普通的教育思想，他从唯物主义角度阐述了系统全面的劳动教育思想，把劳动教育提升到普遍规律的高度之上，强调人的解放需要开展劳动教育，从根本上明确教育应当“为人、对人、靠人”。劳动有助于人们获得生产生活经验和增强个人奋斗的主动性。

（二）劳动教育是立德树人的重要途径

立德树人既是教育的根本任务，又是检验教育成效的根本标准。立德树人的目的在于培养“德、智、体、美、劳”全面发展、合格的社会主义建设者和可靠的接班人，劳动教育则是实现立德树人目标的一个重要过程和重要方面。首先，劳动教育丰富了教育工作的内涵，促使学生端正劳动态度并树立正确的劳动观念，能够培养学生对于劳动和劳动人民的思想感情，使其逐步养成热爱劳动、善于劳动以及勤于劳动的素质。其次，劳动教育和道德教育紧密联系，劳动教育也是加强德育的过程。因此，道德教育与劳动教育相结合也是德育的一种方法。我国历来注重劳动教育的重要作用和实际意义，将劳动视为形成良好道德品质的重要途径，“德之根在心，人之本在劳”，二者结合就是立德树人的根本。

（三）劳动教育的实际作用和现实需要

马克思高度肯定了劳动对于创造人和创造历史的重要意义。因此，劳动教育是劳动和教育的有效结合，一方面发挥了劳动的实践效用，通过利用和总结实践经验实现了理论和实践相结合、知行合一，人们得以在实践中学习、在学习中实践；另一方面发挥了教育的效用，增进了学生对于劳动生产知识和技术的认识与理解，提高了学生的劳动实践能力以及分析和解决问题的水平。因此，劳动教育与德育、智育、体育、美育密不可分，有助于完善教育工作，培养“德、智、体、美、劳”全面发展的人才。“以劳动托起中国梦”是习近平总书记对于历史和现实的清晰判断，只有加强劳动教育才能培养出一人批勤于劳动和善于劳动的人才，才能符合新时代教育发展的根本要求，也是实现个人梦想和国家梦想的一个重要选择。

在现实生活中，由于社会物质生活的丰富和传统家庭教育的方法有失偏颇，小孩应该做的事情都由家长包办了，致使一些小孩在家力所能及的事情都不肯去做，都没有做过，过着饭来张口、衣来伸手的生活，长大进入大学后连起码的洗衣、扫地、整理物品、料理个人的日常生活小事都做不来，也不会做，由此可见，贯彻落实党的教育方针，把“劳”作为培养目标之一，是当前社会现实的需要，更是年轻一代为实现“中国梦”和中华民族伟大复兴的需要。

二、劳动观、奋斗观、幸福观主题教育

（一）劳动的价值

劳动观是人们对劳动的根本看法和态度，是人们世界观和人生观的重要组成部分。劳动是创造物质世界和人类历史的根本动力，劳动者是神圣光荣的；劳动是一切社会财富的源泉，按劳分配是合乎正义的分配原则，不劳而获、少劳多得、可耻不义；劳动具有教育性价值，教育与生产劳动相结合，不仅体现出社会主义教育的本质，而且热爱劳动、积极参加劳动，才能实现个人的健康成长。不爱劳动、不愿劳动，过寄生虫般的生活，会阻碍个人的全面发展，更无法实现人生价值。

（二）用劳动奋斗出幸福新时代

劳动是推动人类社会发展的根本力量，也是通向伟大梦想的进步阶梯。幸福是奋斗出来的。世界上没有坐享其成的好事，天上不会掉馅饼，努力奋斗才能梦想成真。对家庭而言，没有劳动就没有物质财富的积累，就没有生活条件的改善；对个人来说，劳动不仅筑牢了成功的坚实底座，也凝结成宝贵的精神财富。新时代的劳动者，只要肯学、肯干、肯钻研，练就一身真本领，掌握一手好技术，就能找到人生出彩的舞台，在劳动中发现广阔的天地，在劳动中体现价值、展现风采、感受快乐。

三、劳动实践课安全注意事项

1. 负责打扫学校大门口的学生，在打扫时应小心过往车辆，注意及时躲避。

2. 负责打扫楼前楼后的学生应小心楼上的同学往下扔东西，防止被砸伤。

3. 负责打扫各专用教室、实验实训室的学生，别乱动不认识的东西，防止出现一些不必要的损伤。

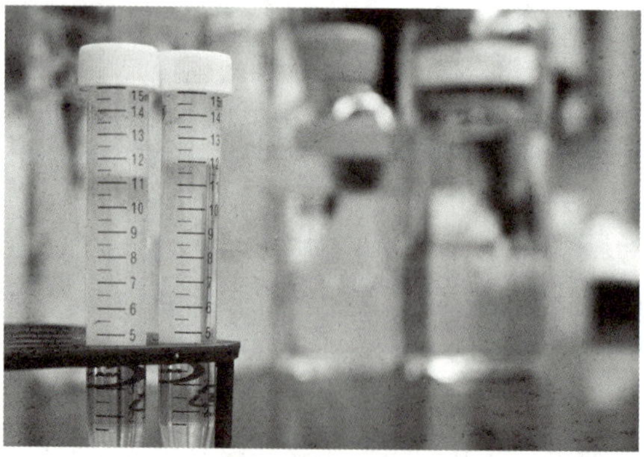

4. 负责擦门的学生应注意把门上锁，防止在门后打扫时，有人突然推门导致受伤。

5. 负责擦玻璃的学生应该注意防止从窗台上摔下来。

6. 负责擦灯管、电扇、挂画的同学，除了注意不要摔伤外，还要防止触电，开灯时绝不能擦灯管。

7. 负责打扫台阶的学生应防止踩空、摔伤。

8. 负责清理垃圾道的同学应注意垃圾道里的碎玻璃、石头等，防止对自己造成伤害。

9. 打扫中杜绝玩耍打闹，防止误碰其他同学，致使自己和他人受伤。

10. 打扫中应留意他人，以免对他人造成伤害。如清理垃圾道的同学使用铁锹时，注意别误碰伤他人，负责打扫楼上的同学忌高空抛物。

四、理论教学基本要求

（一）明确目的

应明确劳动教育的教学目的，通过理论教学，提高学生对劳动教育课的认识，增强其劳动意识，在掌握基本的劳动知识外，明确劳动教育的目的、意义，劳动教育的组织形式和方法等。

（二）充分准备

对劳动教育理论教学，教师要提前做好调查研究，收集有关资料，结合学生缺乏的和实际需要的，认真准备教案，做好教学课件，使用多媒体教学，提高课堂教学效果。

（三）讲究方法

重视劳动教育课程教学改革，应采取研究讨论式、启发互动式教学，必要时可以把课堂搬到现场去，贴近实际进行理论教学，增强课堂互动性，活跃课堂氛围。

6.2.4 任务总结

通过不定期的在职培训等，建立一支能胜任教学的劳技课专职教师队伍，并保持这支队伍的稳定和发展是劳技教育顺利开展的关键。专职劳动技术课教师在工资待遇、职务聘任、评选先进等方面应与其他学科教师同等对待。新课程中强调学生要有丰富的情感体验，强调学生劳动技术观念、劳动技术态度、劳动技术习惯的养成。劳动技术课教师应更新教育教学观念，转变“劳动技术即体力劳动技术”“劳动技术教育即德育”等观念，将“劳动技术教育”转变为“教育劳动技术”；关注以劳树德、以劳增智、以劳健体、以劳益美、以劳促创新等多方面的功能实现。

回忆：劳动教育的理论教学基本要求有什么？

6.2.5 相关知识

劳动课程分类

实践基地除了为学生安排了生活技能类课程外，还为学生提供了手工劳动类、科技劳动类、创意劳动类、拓展劳动类、职业规划类等劳动课程。

手工劳动类包括生活DIY、快乐布艺、塑编、风筝扎制、制皂工艺、衍纸艺术等，目的是通过手工制作培养学生热爱生活的品质，扩大生活体验，使学生在感受制作乐趣的同时，创意生活，感受生活之美。

科技劳动类包括多元智能中心、创意机器人、K＊BOT、创客空间、3D打印、彩虹鸡尾酒、电子制作、磁悬浮陀螺、收音机制作、食尚酸奶、空气动力车等，目的是通过与现代科学技术相关的载体，使学生能够运用智慧自主设计、搭建各种模型作品，培养学生的动手能力、想象能力、知识运用能力和构建能力。

创意劳动类包括创意巴克球、花样石膏、钟表制作、金工木工、服饰文化、电烙画、花式咖啡等，目的是在创意构建活动中，提高学生对智慧发现、创新创造的基础认知，提升学生的空间想象能力，启发学生的创新思维，让学生成为有创意的人。

拓展劳动类包括防震减灾、心理体验、真人CS、无线电测向、拓展训练、数学好玩、智慧骨牌等，目的是通过完成团队任务，让学生不断地向自己的体力、耐力和毅力发起挑战，在活动中与他人和谐相处，不断沟通、取长补短，相互信任、尊重和包容，从屡次失败、挫折中不断修正，最终走向成功。

职业规划类包括性格解析、职业规划、模拟驾驶、模拟金融、模拟法庭等，目的是让学生通过参与职业类劳动，体验职业角色，了解职业相关知识、从业素质和技能要求，让学生科学地认识自我，对自我进行职业规划，提高对职业能力体系的基础认知，提升自我劳动素质。

参考自：《课程赋予劳动以教育意义》

6.2.6 任务拓展训练

你认为劳动教育课的理论教学是必要的吗？结合本课所学和自己的日常经验，谈谈理论教学在劳动课程中的意义，以及在劳动教育课的理论学习中有哪些值得注意的地方。

任务三　劳动实践教育课程内容与要求

6.3.1　任务描述

“当下，学生轻视劳动、不会劳动、不珍惜劳动成果的现象相当普遍，劳动被淡化、被轻视，得不到应有的尊重。”衢州市工程技术学校校长傅林峰不无感慨地说道，“‘幸福是奋斗出来的’‘实干才能梦想成真’这些话语都是对劳动意义、奋斗价值的精辟论述，劳动教育是创造美好生活最有力的实践，对职业教育有着更为特殊的意义。”

6.3.2　任务分析

通过本任务教学，使学生认识劳动课程的内容要求和意义，培养学生爱劳动、爱惜劳动成果、尊重劳动者的品质；教育学生勤奋学习，将来担负起艰巨的建设任务，并教育学生正确对待学习和就业。

6.3.3　任务实施

一、劳动实践教育课程内容

1. 教学楼。主要包括楼内各教室和走廊、楼梯、露台、休闲场所、公共卫生间及周边等区域。

2. 实训楼。主要包括楼内各实验实训室、走廊、楼梯、露台、休闲场所、公共卫生间及周边等区域。

3. 活动中心和图书馆。主要包括活动中心和图书馆各活动室、藏书室、阅览室、走廊、礼堂、露台、报告厅、休闲场所、公共卫生间，各类办公室、资料室及周边等区域。

4. 师生公寓。主要包括公寓各楼内走廊、楼梯、露台、值班室、休闲场所、庭院内及周边等区域。

5. 道路、广场。主要包括校内各机动车主、次干道，人行道和小道等。广场主要有集会广场、休闲广场、运动场、停车场、各种球类场地等区域。

6. 食堂、车库。主要包括校园所有食堂和餐厅，地下人防设施和地下停车库及周边等区域。

7. 校内绿化地、生态园等。主要包括校园内各区域的绿化地、绿化林、校园湖（池）果树园、生态园及校园周边等绿化区域。

8. 校园其他有关区域等。

高校校园总体上说有上述主要区域，而这些区域内的清扫卫生、整理物品、优化环境等工作，一般可以作为学生的基础劳动教育与实践课、师生的义务劳动、校园文明创建或者志愿者活动的内容。

二、劳动实践教育课程要求

1. 学校应成立劳动教育课领导小组，主要负责专业人才培养方案的修订，决定劳动教育课有关教育教学、组织实施、检查考评、成绩管理、学分登录和奖惩等规章制度，督促劳动教育课取得好的教学效果。

2. 劳动课教研室主要负责专业人才培养方案的完善，负责劳动教育课的教学与管理实施，劳动教育课情况考核汇总，个人成绩评定与录入，根据学生劳动教育课成绩情况确定补考、重修和是否发放毕业证书等。

3. 二级学院应成立以院长助理为组长，有关辅导员、教务员等为成员的劳动教育课实施工作小组，各班级应成立以班长、团支部书记为负责人的劳动教育课组织管理和考评小组，根据校园劳动区域范围，划分成若干个劳动小组和一个考评小组，把班级学生劳动教育课落到实处。二级学院和班级主要负责劳动教育课的理论教学、具体组织实施、过程管理、考评奖惩、问题整改、学分登录和学生劳动教育课过程中的思想教育等工作。

4. 参与劳动课的学生要认真上好劳动理论课，参加有关培训，掌握必要的劳动知识和技能以及有关安全注意事项；熟悉劳动的项目、范围、劳动标准和目标要求；劳动过程中，劳动态度要端正，不怕苦、不怕累，按时上下岗，不得迟到、早退、串岗和旷工；服从安排，听从指挥，积极主动完成工作，不消极怠工，完成规定的课时和学分；在劳动期间，要爱惜劳动工具和学校设施，节约用水。

5. 环境卫生要求。室内区域：保持过道、台阶、地面等干净、无积水、无烟头、无各种垃圾；桌面、墙面、天花板、窗户、玻璃和门面保持清洁卫生，无乱张贴张挂，无灰尘和蜘蛛网等。室外区域：无树叶、烟头等垃圾和杂物堆积，保持室外公共卫生环境干净、整洁。

6.3.4 任务总结

劳动教育过程中既要保证学生主体有足够的劳动实践活动的时间，使学生通过劳动实践活动进行理解、认识、探索和创造，又要使学生在独立与合作的各项活动中得到交流和精神体验。劳动技术课的综合性、实践性决定了它开放的性质。教学活动、学生实践操作活动的时间应有弹性，教学内容应不拘泥于教材，做到课内课外、校内校外相结合，这对于改变学校劳技教育内容过于单一、要求过于统一的状况，有积极的意义。劳动技术成果的呈现方式应该是开放的，是学生在广阔的时空中实践和探索得来的。把实施劳技教育与各项实践活动有机地结合起来，逐步构建学校、社会、家庭相互协调、互为补充的劳技教育体系，能够为劳动技术有特殊兴趣和爱好的学生，提供一个充分发挥自己天赋、才能和创造力的新思路。

6.3.5 相关知识

芬兰的劳动教育课程

1. 手工课

手工课是芬兰义务教育阶段的必修课程，该课程由 19 世纪末的手工课发展而来。国家规定的不同学段该类课程需安排的最少课时标准如下：1～2 年级为平均每星期 2 小时，3～6 年级平均每年 1.25 小时，7～9 年级每周 2/3 小时（40 分钟）。九年内累计每周需完成 11/9 小时的学习（包括语文、数学、外语等学科在内的每周最少教学时间为 222/9 小时）。

2. 家政课

芬兰的家政课是国家规定 7～9 年级的必修课程，每周至少 1 小时。虽然家政课是 7～9 年级阶段的必修课程，很多学校在此学段前便已经开设类似的课程。甚至，早在学前阶段，儿童便要学习如何自己穿衣服、洗碗、整理玩具、制作小点心等基本生活技能。

3. 综合课程

虽然上述两类分科课程具有一定的综合性，但除该两门特定的分科课程外，根据新课程标准的要求，每所学校需每学年保证开设一门每周一课时的综合课程（跨学科项目课程）。不同学校在该类课程上采取不同的实施策略。总体而言，由于该类课程要求贴近实践、贴近社会，以问题或现象为导向，反映出劳动教育的特点，故有些学校将该类课程与手工课结合，以学生完成某一作品为结果导向，学生在完成作品的过程中学习并应用多种的横贯能力。例如，学生设定目标为用 3D 打印技术制作某一作品。学期初，学生需撰写设计计划，可独立或合作完成作品，教师帮助并指导学生完善设计计划，在计划基础上，学生推进并完善设计工作，最终调整以完成目标作品。

参考自：《劳动教育怎样做？一起来看世界各国的劳动课程！》

6.3.6 任务拓展训练

劳动实践涉及生活的方方面面，既包括扫除、站岗，也包括像劳技课上那样制造小的木工制品、缝纫制品等。请就自己感兴趣的内容实际进行一次劳动实践，并谈谈你对劳动实践的认识。

任务四 职业院校基础劳动教育的发展趋势

6.4.1 任务描述

不可否认的是，时代不同了。

站在新时代历史坐标上，要深刻理解劳动形态的演变。“一方面，我们不能简单重复上个世纪温饱问题尚未解决时期对于劳动及劳动教育概念的理解，将劳动教育等简单同于‘学工学农’，而对脑力劳动、消费性劳动、创造性劳动等的重要性熟视无睹。”

——《新时代劳动教育不止“劳动”这么简单》

6.4.2 任务分析

劳动技术课教学过程中教师应与学生积极互动、共同发展，要处理好知识目标与能力目标的关系，注重培养学生的独立性和自主性，引导学生质疑、探究，促进学生主动地、富有个性地在实践中学习。教师应尊重学生的人格，关注个体差异，区别对待动手能力不同的学生。注重在活动中调动学生的积极性，依靠学生固有的经验，充分挖掘学生的潜能，并注重实施跨学科教学、全面培养学生包括专业能力、社会能力等综合行为能力。课堂要生动活泼，教学方法要灵活多样。在实践方面由于学生的实践活动一般是按照“模仿—独立劳动技术—熟练劳动技术—创造劳动技术”的顺序发展的。加强示范指导的目的是通过实践能力的科学训练，培养学生科学的精神和良好的习惯，来适应社会的发展，为将来服务社会奠定基础。

6.4.3 任务实施

随着科学技术和人工智能的发展，为了降低人工成本和提高劳动效率，基础劳动工具将出现更多智能型清洁设备和环卫设备，如电动扫地车、洗地机、电动尘推车、高压清洗机、三轮冲洗车等。同时，劳动方式也会随之发生变化，传统的机械性劳动，将被自动化机器、智能机器人取代。

一、电动扫地车

校园占地面积大，师生多，产生的垃圾也多；绿化好，树木秋冬季节或者树叶更换新叶的时候，常常有很多树叶枯枝散落，依靠人工清扫费时费力，这就需要扫地车进行清扫。电动扫地车非常契合环保的理念，是一种必不可少的清洁神器。

二、洗地机、电动尘推车

学校食堂、体育馆等室内地面的清洁更加严格，可以使用洗地机、电动尘推车，让地面一尘不染。

三、高压清洗机、三轮冲洗车

高压清洗机是一款非常高效率、高效果的清洁工具，其利用水射流技术能够将一些难以清理的污渍轻松地祛除。三轮冲洗车是对高压清洗机进行了升级改造，将其变成了一款行走的高压冲洗车，将作业范围扩大，应用范围延伸，在校园中多用于路面的冲洗。

6.4.4　任务总结

充分发挥劳动技术教育评价的作用，展示学生的劳动技术成果，是对学生创新能力的最好认可、鼓励和鞭策。评价虽然不能直接产生创新能力，但它会促进创新品质的形成，从而影响学生创新能力的发展。

6.4.5　相关知识

现代清洁工具介绍之蒸汽清洗机

随着生活水平和质量的提高，人们对生活环境质量有了更高的要求，一种新的清洁工具家庭主妇的好帮手——蒸汽清洗机应运而生。蒸汽清洗机利用高温、高压蒸汽来清洁地板、门窗和衣物，还可对油烟机、空调、微波炉、卫生洁具进行表面杀菌、清除微尘和细菌，还可防止过敏，消除顽固的污渍油渍。无须化学试剂，对清洁物品几乎零损伤。人们在享受科学卫生环境之时，也不会对环境产生二次污染。

6.4.6 任务拓展训练

本课学习了很多辅助劳动的现代工具，请你采访父母或其他长辈，对比一下家里有哪些辅助劳动的工具是以前没有的，谈一谈这些现代化的清扫工具对我们的生活有怎样的影响。

项目小结

在新时代，我们要推动教育与劳动相结合，发挥劳动教育在人才全面发展中的重大作用，为国家人才培养、科技创新、经济发展提供强有力的力量。正如马克思所言，“问题在于改变世界”，而“劳动教育”就是新时代我们砥砺前行、创造美好生活最有力的实践。

拓展提高

展评劳动技术成果（作品），可在实践过程中或结束后进行。在实践过程中进行，可用现场实例促进操作的成功；在实践结束后进行，主要是师生共同衡量和评价教与学双方的成败，使学生从正反两方面巩固所学知识。劳动技术教育的评价强调“过程”和“结果”并重，尤其要注重情感和态度。展评小结，教师要善于运用“赏识教育”，更多地看到学生的优点并进行鼓励，应使学生感受成功的喜悦。幼稚的设想和失误的探索如果得不到宽容，学生就会逐渐失去自我，泯灭最可贵的创新意识。劳动技术教育的评价，还应特别提倡采用“个体内差异”评价法，它不会给被评价者造成心理压力，有利于学生树立自信心、自尊心和自豪感，有利于形成丰富的想象力和积极向上的心态，从而不断地投入到新的创新中去。

模块二

实践技能篇

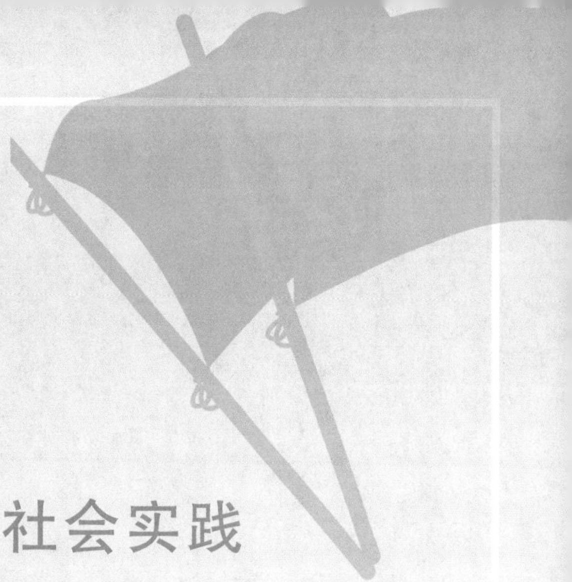

项目七

新时代职业院校学生的社会实践

项目导言

社会实践活动是学校教育向课堂外的一种延伸，也是推进素质教育进程的重要手段，有助于我们接触社会，了解社会，同时，实践也可以让我们学习知识，也是锻炼才干的有效途径，更是服务社会、回报社会的一种良好形式。

项目描述

社会实践活动是职业教育教学的重要一环，也是培育学生进行劳动实践的重要途径，开展社会实践实训课程有利于学生了解关于社会实践的基本知识、理解社会实践的意义、了解社会实践的重要性。如果你所在的学校要求利用假期进行社会实践活动，并要求撰写社会实践报告，你会做哪些准备工作？

教学目标

知识目标：了解关于社会实践的基本知识

能力目标：能够理解社会实践的意义

情感目标：了解社会实践的重要性

教学任务

任务一　社会实践的概念和意义

任务二　劳动教育与社会实践相结合的途径

任务三　社会实践报告的写法

建议学时

2 课时

任务一　社会实践的概念和意义

7.1.1　任务描述

假期，学生们深入田间地头、到老乡的家里走一走、看一看、聊一聊，倾听农民最真实的心声；他们走到平凡岗位的工作一线，体会普通劳动者的敬业与艰辛；他们进入企业与机关，近距离地审视与打量理想与现实的距离，认真地思考自己的所长与不足。

经过这样一个假期，学生们似乎长大了不少，也成熟了不少，关于基层的了解，关于人生的选择，关于自我的定位，关于青春的价值……

7.1.2　任务分析

参加社会实践是中职院校学生校外教育的一个重要方面，也是中职院校学生自我能力培养的一个重要方式。利用假期报名参加社区志愿服务活动，可以丰富生活，增长阅历，培养组织沟通能力。以一颗感恩之心，回馈社会，传递社会正能量，十分具有教育意义。

7.1.3　任务实施

一、社会实践的概念

广义的社会实践是人类认识世界、改造世界的各种活动的总和。即全人类或大多数人从事的各种活动，包括认识世界、利用世界、享受世界和改造世界等。

狭义的社会实践即假期实习或是在校外实习。狭义的社会实践对于在校学生具有加深对本专业的了解、确认适合的职业、为向职场过渡做准备、增强就业竞争优势等多方面意义。

留校勤工俭学、家教、打零工等更侧重经济利益，是一些家庭困难学生的首要选择；具有一定经济基础的学生可选择做义工、支教、支农，既可以锻炼能力，又奉献了爱心；更多学生倾向于选择和专业相关的实习单位（包括有偿和无偿）；在中小学也有在实践基地或军训基地的活动，亦称“社会实践”，主要是对于陶艺、手工、电脑、户外拓展等进行训练。

二、社会实践的意义

首先，参加社会实践，有利于我们更好地运用自己所学，发挥自己所长，是一个将理论转化成实践的方式之一，也是检验我们所学知识真理性的唯一标准。

其次，参加社会实践，对于我们走出“象牙塔”，认识社会、了解国情，了解民生，培养历史使命感和社会责任感，具有不可替代的意义。

最后，走出校园、走进社会。社会实践让我们以学生的身份在社会上行走，给我们提供了更大的试错和发展平台，拉近了我们与现实社会的距离。让我们提前认识到什么是该做的，什么是不能做的，对于我们确定正确的人生观和价值观，以及加强自身独立性具有重要意义。

7.1.4　任务总结

通过参加社会实践活动，可以从中体会到人生的道理，对未来的人生规划有更加清晰和务实的把握，在此过程中，学生的组织沟通能力也可以得到锻炼，同时会更加关注社会热点，对一些问题的认识会更加深刻，思考会更加深入，从而意识到自己身上的责任感，使之更乐于助人，奉献社会，传递社会正能量。

7.1.5 相关知识

读万卷书，更要行万里路

学生社会实践

我是某大学的硕士研究生，假期在一家外资市场研究咨询公司实习，主要从事市场调查问卷设计、后期数据统计分析以及客户满意度提升方案的报告撰写工作。

我所在部门的项目经理只比我大两岁，××职业学校毕业。刚到公司，我有些失落，原以为会跟着年长我许多、经验丰富的老师，没想到竟是跟着一个看起来还没自己老成的“小师傅”。心理落差让我动力不足，研究生期间学的理论让我心存骄傲，总觉得自己的知识面远比公司许多在职人员宽。我甚至一度在想，如果我本科毕业就工作，一定会超过这个项目经理以及公司的许多人。

这样的心态一直持续到一件事的发生。由于漫不经心，我在统计一次重要数据时出了错，如果没有被及时发现，将给公司带来极为负面的影响和巨大的损失。是带我的项目经理及时发现并纠正了错误，除此之外，他还和我分享了大量源自实践的宝贵经验。

到那一刻，我才懂得了一个从小便知道，却从未真正懂得的道理：纸上得来终觉浅，绝知此事要躬行。

当代青年人缘何眼高手低？以往，面对这样的评价，我总是不屑一顾，但直到这一天，我才真正开始反省，为什么长辈鼓励我们，仰望星空，首先要脚踏实地，青年成才大体也是如此，唯有经过辛勤努力，脚踏实地，才能实现理想，体现出自身的社会价值。古往今来，每一位有所成就者，无不通过点滴积累，厚积薄发。

读万卷书，更要行万里路。做人如此，做学问如此，实现中国梦也要如此。这是我这次社会实践的最大收获。

7.1.6 任务拓展训练

你以前参加过社会实践吗？如参加过，请谈谈你的社会实践经历，以及你对社会实践的感想；如果没有参加过，请谈谈你对社会实践的认识，深入分析理解“社会实践”在学校和社会之间有怎样的过渡作用。

任务二　劳动教育与社会实践相结合的途径

7.2.1　任务描述

半亩拙田青山旁，一缕炊烟绕山塘，无论时代怎么变化，总要有守望，有家乡的味道。为了让学生切实参与乡村振兴，凝聚青春力量，新媒体工作室暑期社会实践匠新小分队于7月12日走访了杨溪村，在这个文化氛围浓厚的村庄里，聆听属于这里的故事，感悟工匠精神。

7.2.2　任务分析

如果你参加过社会实践，请谈谈你从社会实践中得到了什么和劳动有关的认识；如果你没有参加过社会实践，请设想一下从社会实践中会得到什么和劳动有关的认识。

7.2.3　任务实施

一、健全劳动实践组织

针对劳动教育边缘化的问题，职业院校要建立专兼职结合的劳动实践教育教师队伍，用足用好通用技术、劳动技术等专业教师，聘请全国劳模、大国工匠担任兼职教师，完善评聘、考核、培养制度，保持劳动实践教育教师队伍的稳定与发展。在班级增设劳动委员，加强劳动教育与日常养成教育相结合，组织以劳动教育为主题的班团会、报告会等。在学校日常运行中渗透劳动教育，组建劳动品牌社团，开展“劳动＋品牌”活动。借鉴国外先进经验，发挥劳动教育真实场景、支持情境建构和知识迁移的“专业功能”。做好校内劳动教育资源开发，建设劳动技能室、手工室和数字化探究实验室，开展社会实践活动。利用企业、工厂、事业单位等校外活动场所，建立综合实践基地。利用社区、街道、敬老院、福利院等公共服务资源，建立志愿者服务基地。通过组织体系的保障有效开展劳动教育实践和志愿者活动。

二、改革劳动实践模式

针对劳动教育弱化的问题，推行第二课堂成绩单，将劳动实践教育纳入高校共青团第二课堂成绩单管理，推动第二课堂与第一课堂深度融合，充分发挥第二课堂对新时代职业院校劳动教育的支撑和推进作用。第二课堂成绩单真实记录学生的劳动教育成长轨迹，客观评价劳动实践综合表现，有效提升青年素质能力，促进青年健康成长成才，为学校培养一流人才提供多元活动平台和丰富育人手段。

1. 围绕中心，丰富内容设置

劳动实践第二课堂课程内容设计应包括劳动基础知识、劳动态度、劳动技能、信息技术、社区服务、社会实践、志愿服务、劳动艺术教育等课程，让第二课堂更有效、更充分地融入劳动教育总体格局。

2. 契合需求，创新模式管理

在选修学分的模式设计方面，有按次获得制学分，校园活动多为一次性短时参与的活动，按次计分；有自主申报制学分，在社会和家庭进行劳动实践可自主申报；有学时折算制学分，社会实践和志愿服务具有时间累积性，以时间累积学时为基本标准。

3. 量化结果，探索高效运营

运用信息技术改造创新工作，包括课程设计、组织方开课、学生选课、选课审批、学生签到、学生评价、学分给予等闭环流程，青年学生都可以通过平板电脑、手机进行操作，最终输出个人的劳动教育成绩单。同时通过网络平台对大数据进行收集分析，便于完善劳动实践教育的第二课堂成绩单制度。

三、编写社会实践和志愿服务指导手册

针对劳动教育窄化的问题，职业院校通过编写社会实践和志愿服务指导手册，提升对劳动教育与社会实践和志愿服务相结合的指导作用；通过教材指导学生开展社会调查、社区服务、志愿服务社会实践活动，有意识地结合实践内容在教材中传授劳动技能知识和劳动教育的方法；加大社会实践和志愿服务科学研究的调研力度，积极支持社会实践和志愿服务相关课题的研究，加大项目指导和经费支持的比例；实现社会实践和志愿服务研究成果的转化，强化对研究成果的普及和传播，主动寻找劳动教育渗透的结合点，把劳动教育的融入作为一项长期完成的任务，形成劳动教育与社会实践和志愿服务相结合的合力，潜移默化地影响学生。

四、开设社会实践和劳动教育课程

针对劳动教育异化的问题，依托全国或省市劳模资源，探索打造劳动教育实践教

育课程进阶版，并从以下五个方面着手把握。

1. 课程内容创新化

将创意、创新、创造、创客、创业等要素融入教学活动当中，将常态化授课中所有需要学生身体力行的实践课统筹纳入劳动教育课程体系，同时邀请劳动模范担任任课教师，带领职业院校学生共同完成劳动训练、创业策划、社会实践、志愿服务、社区服务、信息技术等相关课程。同时，多从"核心技能培训""社会调查研究""劳动态度"等方面着手，通过劳动教育课程，进一步培育学生正确的劳动观念。

2. 授课媒介多元化

要充分挖掘全国劳模的资源优势，与第一教学课堂紧密结合。强调课上课下结合、校内校外打通、家庭社会参与。搭建起社区与职业院校联合、职业院校与家庭联合的施课平台，进而达到 1+1>2 的现实效果。

3. 授课形式系统化

精心设计课程实施内容，引进项目授课、任务驱动、实景探究、考察实验、小组协作、成果分享等要素。引入众创、众筹、众评的理念，由学习小组众创活动方案，学生众筹方案设计，组织方众评活动成果，从而达到课程的互动性、参与性和实践性。

4. 课程安排统整化

课程的安排可按"一个学期"的项目制进行，求"整"不求"散"，求"精"不求"多"。同时在课时安排上要追求连贯性，使"项目制"得到完整、系统的推进，保证社会实践和志愿服务课程不因课时的局限影响实施的效果，达到完整学习和劳动育人的效果。

5. 课程评价量度化

对课程实施效果开展多维度评价，引导学生真实学习、真实研究、真实创造。在过程中把个案访谈、数据采集、文献检索、蹲点调查等融为一体，依托表现性评价和成果性评价等形式，设计符合劳动教育、社会实践和志愿服务特点的评价方式。

7.2.4 任务总结

新时代贯彻党的教育方针，要坚持马克思主义指导地位，贯彻新时代中国特色社会主义思想，坚持社会主义办学方向，落实立德树人的根本任务，坚持教育为人民服务、为中国共产党治国理政服务、为巩固和发展中国特色社会主义制度服务、为改革开放和社会主义现代化建设服务，扎根中国大地办教育，同生产劳动和社会实践相结合，加快推进教育现代化、建设教育强国、办好人民满意的教育，努力培养担当民族复兴大任的时代新人，培养德、智、体、美、劳全面发展的社会主义建设者和接班人。

7.2.5　相关知识

暑期社会实践　这里有些故事（节选）

2018 年 7 月 2 日，某动漫游戏学院向某社开展了暑期社会实践，地点是某社区服务中心。这次的活动让我们了解到体检流程，体验一番医务工作者日常为同学们的服务与关怀，短短半天的时间，我们受益良多。

充满消毒水的走廊不仅充满着亲子之间的爱，志愿者的服务也同时传递着志愿者助人的无私与大爱。曾相识的他们，在这个走廊却毫无距离感。因为只有心与心的交流才最为真挚，也才最容易走进彼此。

7.2.6　任务拓展训练

学完本课，你对社会实践有什么新的认识？请谈谈社会实践课在劳动教育中的作用，并从学生的角度谈谈希望从社会实践中得到哪些收获（如通过社会实践获得关于企业、社区的知识）？

任务三　社会实践报告的写法

7.3.1　任务描述

社会实践报告是进行社会实践后需要完成的报告，是指有目的、有组织、有计划地深入实际、深入社会，对完成的社会实践活动的一个总结报告。

社会实践报告起源于改革开放中提出的一系列的有关经济、生活、教育的方针、政策等，吸引在校学生了解社会现实。

7.3.2　任务分析

社会实践报告也是劳动教育教学的重要组成部分，通过学习和实践，掌握社会实践报告的写作要点，明确社会实践报告各个组成部分，规范写作格式，切记要实事求是，不得弄虚作假。

7.3.3 任务实施

社会实践报告怎么写

一、社会实践报告的内容构成

一份完整的实践报告应由以下部分组成：

1. 报告题目

报告题目应该用简短、明确的文字表述，通过标题把实践活动的内容、特点概括出来。题目字数要适当，一般不宜超过20个字。如果有些细节必须放进标题，为避免冗长，可以设副标题，把细节放在副标题里。

2. 学院名称及作者姓名

学院名称及作者姓名应在题目下方注明，学院名称应用全称。

3. 摘要（有英文摘要的中文在前，英文在后）

报告需配摘要，摘要应反映报告的主要内容，概括地阐述实践活动中得到的基本观点、实践方法、取得的成果和结论。摘要字数要适当，中文摘要一般以200字左右为宜，英文摘要一般至少要有100个实词。摘要包括：

①“摘要”字样。

②摘要正文。

③关键词。

④中图分类号。

4. 正文

正文是实践报告的核心内容，是对实践活动的详细表述。这部分内容为作者所要论述的主要事实和观点，包括介绍实践活动的目的、相关背景、时间、地点、人员、调查手段，以及对实践活动中得到的结论的详细叙述。

要能够体现解放思想、实事求是、与时俱进的思想路线，有新观点、新思路；坚持理论联系实际，对实际工作有指导作用和借鉴作用，能提出建设性的意见和建议；报告内容观点鲜明，重点突出，结构合理，条理清晰，文字通畅、精炼。字数一般控制在5000字以内。

5. 结束语

结束语包含对整个实践活动进行归纳和综合而得到的收获和感悟，也可以包括实践过程中发现的问题，并提出相应的解决办法。

6. 谢词

谢词通常以简短的文字对在实践过程与报告撰写过程中直接给予帮助的指导教师、答疑教师和其他人员表示谢意。

二、社会实践报告的写作程序

一般来说，社会实践报告写作主要经过以下程序：

1. 确定主题

主题是社会实践报告的灵魂，对社会实践报告写作的成败具有决定性的意义。因此，确定主题要注意：报告的主题应与实践主题一致；可根据调查和分析的结果，重新确定主题；主题宜小，且宜集中；与标题协调一致，避免文题不符。

2. 取舍材料

对经过统计分析与理论分析所得到的系统的完整的“调查资料”，在组织调查报告时仍需精心选择，不可能也不必都写入报告，要注意取舍。如何选择材料呢？选取与主题有关的材料，去掉无关的、关系不大的、次要的、非本质的材料，使主题集中、鲜明、突出；注意材料点与面的结合，材料不仅要支持报告中某个观点，而且要相互支持，形成面上的“大气”。

3. 在现有有用的材料中，要比较、鉴别、精选材料，选择最好的材料来支持作者的意见，充分发挥材料的作用。

4. 布局和拟定提纲

这是实践报告构思中的一个关键环节。布局就是指实践报告的表现形式，它反映在提纲上就是文章的“骨架”。拟定提纲的过程实际上就是把实践材料进一步分类、构架的过程。构架的原则是“围绕主题，层层进逼，环环相扣”。提纲或骨架的特点是它的内在的逻辑性，要求必须纲目分明，层次分明。

实践报告的提纲有两种，一种是观点式提纲，即将调查者在调查研究中形成的观点按逻辑关系一一列写出来。另一种是条目式提纲，即按层次意义表达上的章、节、目，逐一地一条条地写成提纲。也可以将这两种提纲结合使用。

5. 起草社会实践报告

这是社会实践报告写作的行文阶段。要根据已经确定的主题、选好的材料和写作提纲，有条不紊地行文。写作过程中，要从实际需要出发选用语言，灵活地划分段落。

7.3.4　任务总结

社会实践是当代学生自我完善、尽快成长的必由之路。离开了社会实践，就谈不上人才的成长和发展，更谈不上发明创造。因而社会实践很重要，实践方式的选择可以多样化，当今社会亟须复合型与创新型人才，社会实践也是一种磨炼自我的途径。熟练地撰写社会实践报告有利于归纳和总结社会实践活动中存在的问题，有利于优化社会实践教学体系。

7.3.5　相关知识

社会实践报告的书写要点

一般而言，要想写出一篇优秀的社会实践报告必须做到以下几点：

1. 必须掌握大量的第一手材料。实践者要深入群众，了解调查对象各方面的材料，包括正面的、反面的，直接的、间接的，历史的、现实的，弄清它的来龙去脉，为分析研究提供大量、可靠的事实依据。

2. 要善于做分析与研究。对掌握的大量材料做去粗取精、去伪存真、由此及彼、由表及里的处理，要透过表面现象看到事物的真面目，抓住它的本质，从而得出正确的判断和结论。

3. 要选用切实、可靠的材料说明观点。社会实践报告所揭示的结论，必须通过对具体情况、具体事实做客观的叙述和分析，很自然地得出。要善于用精确、充足的材料来说明观点。不能脱离材料空发议论，也不能只摆一大堆材料，而不提出明确的观点和结论。

4. 社会实践报告的文字要朴素、明确、实在。要注意把说理和叙事有机地结合起来，要善于用简要的议论总结经验，阐明规律，说明政策；要注意运用可靠的统计数字和群众语言来印证观点。

7.3.6 任务拓展训练

本课学习了关于社会实践报告的写法，请你总结社会实践报告的要点，思考一下在写社会实践报告时为什么需要注意这些要点，并谈谈社会实践报告在劳动实践中有什么意义。

项目小结

现代社会是一个开放性的社会，是一个充满规则的社会，我们国家要与世界接轨，高才能的人是必不可少的，但没有实践经验的人才是无处可用的。因此对于人才的培养应当面向实际、面向社会、面向国际。劳动教育本身的社会实践性很强，所以采用理论联系实际、理论与实际相结合的办学模式是比较可行的。定期安排学生见习，让学生更好地消化所学的知识，适当的模拟操作可以在劳动中培养学生对环境保护的意识，避免出现毕业后的纸上谈兵现象，向社会输送全面、合格、优秀的高素质人才。

拓展提高

社会实践在学校和社会之间有着桥梁的作用，让我们能够在校园生活的阶段了解社会，并通过实践活动理解劳动对于建设社会的重要性。

请实际参与一次社会实践活动，并以社会实践报告的形式写写你的收获及经验教训。

项目八

开展校园劳动实践

项目导言

“保洁”一词源自英文“House Keeping”，英文简称“HK”。保洁服务已经越来越被大家接受和需要，并已经进入了千家万户的生活，是人们提升现代生活质量的一个里程碑。它使人们的居住环境的质量不断提高，也是全民生活水平提升的一个重要证明。

项目描述

为进一步改善校园环境卫生面貌，推动学校环境卫生建设，提高广大师生文明健康意识，根据某市教育局和体育局相关文件的要求，结合学校实际情况，召开动员会议，落实责任，明确职责，制订切实可行的具体方案和措施，采取多种形式广泛宣传环境卫生整洁行动的目的、意义和任务，形成人人动手、师生共同参与的良好氛围。

教学目标

知识目标：了解关于校园各个场所的保洁工作

能力目标：能将保洁知识落实于实践

情感目标：明白建设干净整洁的校园环境的重要性，身体力行维护校园环境

教学任务

任务一　室内保洁内容与要求

任务二　室外保洁内容与要求

建议学时

2 课时

任务一　室内保洁内容与要求

8.1.1　任务描述

某职业院校非毕业年级学生接到学校通知，11 月起，每个班级将负责校内一间教室的清洁卫生工作，教室日常的清扫任务由学校后勤部门组织的保洁人员转移到学生。

从小学到高中，放学后总有值日学生完成班级的清扫工作，使得学习环境更优美。然而在大学阶段，由于存在教室流动使用等原因，在很多高校，清洁教室的任务由保洁人员完成。

让大学生打扫教室的决定，得到了不少学生的支持，毕竟清扫教室就是美化自己的学习环境。不过也引来部分学生的质疑：此举是不是会占用时间，影响学习。

8.1.2　任务分析

学生通过相关课程的学习，明确室内保洁内容与要求，注重个人卫生，尊重他人劳动成果。

8.1.3　任务实施

一、室内保洁工作内容

校园室内空间一般指：教室、实训实验室、办公室、会议室、接待室、资料室、档案室、图书馆、机房、仓库等。需要保洁的内容主要有：天花板、墙面、黑板、门窗、玻璃、桌椅、柜子、讲台、地面等。

（一）总体保洁内容

1. 检查

进入室内，先查看是否有异常现象、有无损坏的物品。如发现异常，应先向有关部门报告后再进行保洁作业。

2. 推尘

推尘要按照先里后外、先上后下、先窗后门、先桌面后地面的顺序，先清扫天花板、墙角上的蜘蛛网和灰尘，接着抹窗户玻璃门面的灰尘，实验器材等设备挪动后要原位摆好。

3. 顺序

从门口开始，由左至右或由右至左，依次擦拭室内桌椅、柜子、讲台和墙壁等。抹布应拧干，擦拭每一件物品时，应由高到低、先里后外。擦墙壁时，重点擦拭门窗、窗台等。操作时，先将湿润的涂水毛头（干净的）装在伸缩杆顶部，沿顶部平行湿润玻璃，然后以垂直上落法湿润其他部分的玻璃。再用干净的抹布擦干净窗框及窗台，最后用干燥无毛的棉布擦干净玻璃四周和中间的水珠。大幅墙面、天花板等应定期清洁（如每周清洁一次）。

4. 整理

讲台、桌面、实验台上的主要用品，如粉笔盒、粉笔擦、实验器具等抹净后，按照原位摆放整齐。

5. 清倒

清倒室内的纸篓、垃圾桶。

6. 更换

收集垃圾并换垃圾袋。

7. 关闭

清洁结束后，保洁人员退至门口，环视室内，确认清扫质量，然后关窗、关电、锁门。

（二）保洁质量标准

1. 室内整体干净无灰尘。
2. 桌椅设备摆放很整齐。
3. 桌面无乱涂乱画痕迹。
4. 地面没有污迹和垃圾。
5. 墙面无张贴张挂乱象。
6. 窗户明亮空气更清新。
7. 心情舒畅学习高效率。

保洁步骤讲解

二、休闲空间、走廊保洁内容与要求

室内学习休闲的空间一般有：室内敞开式休息间、走廊过道、楼梯平台、报告厅、礼堂、门厅等。保洁内容主要有：天花板、墙面、窗户、玻璃、桌椅、柜子、地面、门面等。

（一）保洁工作内容

1. 检查

进入各种休闲空间后，先查看是否有异常现象、有无已损坏的物品。如发现异常，应先向有关部门报告后再进行保洁作业。

2. 清扫

先用扫把清洁地面，捡去烟头、纸屑、灰尘等。

3. 擦抹

从门口开始，由左至右或由右至左，依次擦拭室内桌椅、柜子、讲台和墙壁等。抹布应拧干，擦拭每一件物品时，应由高到低，先里后外。擦墙壁时，重点擦拭门窗、窗台等。操作时，先将湿润的涂水毛头（干净的）装在伸缩杆顶部，沿顶部平行湿润玻璃，然后以垂直上落法湿润其他部分的玻璃。再用干净的抹布擦干净窗框及窗台，最后用干燥无毛的棉布擦干净玻璃四周和中间的水珠。大幅墙面、天花板等应定期清理（如每周清理一次）。

4. 整理

桌椅、柜子等抹净后，按照原位摆放整齐

5. 更换

收集垃圾并更换垃圾袋。

6. 推尘

用拖把清洁地面，按照先里后外，先边角、桌下，后地面进行推尘作业。清洁结束后把桌椅、柜子等设备恢复原位摆好。

7. 礼仪

要注意礼节，使用礼貌用语。

（二）保洁质量标准

1. 地面干净无污迹。

2. 没有垃圾和积水。

3. 墙面干净无灰尘。

4. 桌椅干净摆整齐。

5. 门窗干净很明亮。

6. 情绪高涨学习好。

清洁小窍门

三、公共卫生间保洁内容与要求

公共卫生间保洁内容有：天花板、墙面、隔墙面、窗户、门面、镜面、蹲位、地面、拖把池、洗手盆（台）等。

（一）保洁工作内容

1. 天花板清理

用长柄扫把清扫天花板、墙面、墙角等的蜘蛛网和灰尘。

2. 门窗玻璃门面、墙面清理

用湿抹布清洁玻璃、镜面和墙面上的污迹。

3. 蹲便池、小便池清理

先用夹子夹出大、小便器里的烟头、纸屑等杂物，然后冲水，再倒入洁厕剂，泡一会儿，再用便池刷刷洗。蹲便池、小便池内四周表面及外部表面均要清洗，检查冲水是否正常，有没有堵塞。

4. 洗手盆清理

用清洁剂和百洁布擦洗洗手盆。从左到右抹干净台面，用不掉毛的毛巾从上到下擦拭干净镜子；水龙头也要清洗干净，保持光亮。

5. 更换

收集垃圾并更换垃圾袋。

注意：每周擦拭墙面、天花板、排气扇、卫生间门及门框 3 次以上。清洁地面时，若地面较脏，要使用清洁剂。

（二）保洁质量标准

1. 天花板无蜘蛛网。
2. 墙壁墙角无灰尘。
3. 镜面玻璃净明亮。
4. 地面台面无水迹。
5. 厕所内外无臭味。
6. 干净明亮人人夸。

8.1.4 任务总结

落实校园卫生工作责任制，按照学校规定，各办公室、各班级、各专用教室实行谁主管谁负责，动员师生全员参与，积极参加义务清扫劳动，重点清理各教师办公室，学生寝室、分担区的卫生，尤其是清理影响环境卫生的死角，维护好、保持好整个校园卫生的整洁美观。

8.1.5 相关知识

学生怎样保持宿舍清洁干净

上了大学/职业院校以后，大多数人会在学校住校，宿舍就成了我们大学时期主要休息生活的场所。一个干净整洁的宿舍会给我们带来便利，使我们身心愉快，谁也不愿意生活在脏乱差的环境中，下面就说几点大学生应该怎样保持宿舍干净清洁。

大学/职业院校宿舍一般都有衣柜和书柜，我们可以把自己的衣物和书整理好放进去，这样便于我们用的时候能很快找到所需物品，避免和其他人的物品混淆，也避免将自己的贴身衣物弄脏。如果宿舍没有衣柜，我们可以集体合伙买个布衣柜，或把不用的衣物叠好放进行李箱中。

早上起床后，要把被子叠好，床铺整理好，这样才能使宿舍看起来整洁，让人一看有种舒服的感觉。整理床铺，可以发现床上散落的一些小物品，如笔，剪刀，硬币，随身小物件，便于清理。

准备一个垃圾桶，随时把不需要的物品、废弃的杂物放进去，这样可以减少打扫时的工作量，也可以使宿舍保持清洁。在去食堂或上课的时候，可以顺路清倒垃圾。

宿舍中的热水瓶应该放到人不容易碰到的地方，如窗台底下，靠墙的位置，不能放在过道中间，避免不小心碰翻造成烫伤。洗漱物品摆放整齐，最好在自己的洗漱物品上贴上标签，以免混用造成疾病传播。

定时清洗被罩、床单和衣物，以防螨虫的滋生。在天气好时可将被子拿到操场上晒晒，被罩、床单、厚重的衣物可以送到学校的洗衣房清洗，送的时候要标好姓名和宿舍号，贴身衣物要自己清洗。

定时打扫宿舍，清理不需要的物品和杂物，防止宿舍中不需要的物品或食物残渣发霉，引来老鼠、蟑螂、跳蚤等带有传染性疾病的害虫。打扫宿舍可以有效地改善宿舍环境，更有助于我们休息和生活。

宿舍是我们生活和居住的地方，干净整洁的宿舍可以使我们身心愉快，身体健康。所以我们要常保持宿舍的干净整洁。

8.1.6　任务拓展训练

你们寝室平常的打扫工作是怎样进行的？写一篇报告说明你们寝室日常的卫生打扫是怎样进行的，包括打扫的周期以及如何分配工作。和同学相互分享你的打扫经验。

任务二　室外保洁内容与要求

8.2.1　任务描述

为迎接即将到来的春季运动会，学校决定美化校园环境。2019 年 4 月 24 日下午 1 点，某学院物理与光电工程学院量子志愿者服务队自发组织到学校操场拾捡垃圾、打扫卫生。志愿者们带着工具和垃圾袋，准时到达操场，在队长朱婷婷的简单分工后开始清扫。

天气转暖，操场成为同学们散步、锻炼的绝佳之地，早、晚都有很多人，春季运动会即将召开，运动员们也在奋力训练，人多了，留下的垃圾也多了，风一吹，操场环境就变得很糟糕。春暖花开，校园本应该是美丽的、生机勃勃的，而随风飞舞的垃圾却煞了风景。量子志愿队的队员们，趁着中午没人锻炼，抓紧时间把操场打扫干净，矿泉水瓶、卫生纸、包装袋……中午的高温使志愿者们大汗淋漓，但是大家都在坚持着，直到将整个操场清理得焕然一新。身在物光学院，物光学院便是家，而同学们需要做的就是要让自己的家温暖舒适、干净整洁。

8.2.2 任务分析

通过参与室外保洁活动，使学生掌握基本清洁技能，了解室外保洁和室内保洁需要注意的要点的区别。强化学生自治管理，分层次多层面组建学生校园环境宣传、维护与监督组织，形成强大的监督管理网络。

8.2.3 任务实施

一、机动车道、人行路保洁内容与要求

校园道路指可提供各类机动车辆行驶和行人行走的道路，人行路指校内道路两侧的人行路和可供师生上下课（班）和休闲行走的小路。

校园道路和人行路保洁的内容质量标准如下：

（一）保洁工作内容

1. 根据劳动课安排进行分组、分路段、分区域。明确清扫范围，合理安排清理垃圾、树叶等任务。

2. 每天采取分时段收集沿路垃圾，做到定时清扫、及时堆放、及时运送，做到不慢收、漏收。

3. 保洁人员利用竹扫把，对校园道路进行全面清扫。要做到“六不”“三净”。即不花扫、漏扫；不见积水（无法排除的积水除外）；不见树叶、纸屑、烟头；不漏收堆；不乱倒垃圾（一律送到中转站）；不随便焚烧垃圾。路面净、路尾净、人行道净。

4. 进行路面清扫保洁时，垃圾收集应及时送往中转站，严禁将垃圾倒在道路两侧绿化带里或随便乱倒，严禁焚烧垃圾。

5. 校园路面清扫保洁要做到：晴天与雨天一样；主干道与人行道一样；检查与不检查一样。严禁串岗、脱岗、坐岗等。

（二）保洁质量标准

1. 道路平整干净无垃圾。
2. 道路无枯叶枝和物品。
3. 道路灯杆干净无张贴。
4. 绿化绿地平整无缺憾。
5. 校园整体漂亮人人夸。

二、广场、台阶、水沟等保洁内容与要求

校园露天广场停车场台阶和房屋周边的水沟，其保洁内容与质量标准如下：

（一）保洁工作内容

1. 对广场、停车场、台阶和楼房周边的水沟进行检查，先用扫把或垃圾夹清理面上的垃圾、树枝、树叶等。

2. 对广场、台阶周边的杂草进行清除。

3. 用小扫把对广场、停车场、台阶地面进行清尘处理。

4. 清理垃圾，运送到垃圾中转站。

5. 不得把垃圾和树叶倒入道路两边的绿化带，更不能就地焚烧。

（二）保洁质量标准

1. 广场地面干净，无灰尘，无各种垃圾、无枯叶残枝。

2. 运动场内桌椅摆放整齐，桌椅面干净、无垃圾。

3. 广场内无堆放物品、无张贴张挂。

三、生态林、绿化地（带）保洁内容与要求

在校内有规划地、科学地、合理地栽植一些生态林、绿化地和绿篱带是建设美丽校园不可缺少的项目，更是建设生态学校、保护校园环境决定性的一环。保洁维护的主要内容与流程有：清捡绿化地和绿篱带内的各种垃圾、大树叶，清捡各种树枝和废弃物，清拔绿化地和绿篱带内杂草，清捡生态树上的干枯树枝并进行合理修剪，科学艺术地整修绿篱带和花草苗木等。

（一）保洁工作流程

1. 首先用耙子把生态树、绿化地、绿篱带地面上的树叶、树枝耙成一堆。

2. 再用捡垃圾的夹子把绿化地、绿篱带里的塑料袋、快餐盒、烟头等夹走。

3. 用大竹扫把对生态树、绿化地、绿篱带地面进行清扫。对生态树、绿化地、绿篱带地面上的垃圾、树叶、树枝等进行清理，把它们送到垃圾中转站，不得随意乱倒或焚烧。

4. 安排人员进行文明督察，对不文明行为的师生进行劝阻。

（二）保洁标准

1. 绿化带内和生态林内应保持干净、整齐，无各种垃圾、无枯叶残枝。

2. 绿化带干净，无垃圾。

3. 无各种废弃物堆放、堆积。

8.2.4　任务总结

学习完本课后，对校园室外打扫要求有一定的了解，彻底治理校园“四乱”（即乱贴、乱放、乱丢、乱涂）现象，还校园一个清洁、幽雅、美丽、有序的环境。

8.2.5　相关知识

学生称被迫清扫校园　校方回应为“劳技课”

日前，某学院的学生小林向记者反映，该校辞退部分保洁员，让学生负责清扫楼道、操场、厕所等。学校说这是为了提高学生能力而设置的劳动技能课，学生不参加

会被扣学分。学生们则认为，扫厕所、操场，根本就算不上劳动技能，其实学校就是为了省下雇清洁工的钱。

教育厅工作人员：

没有统一规定

该学院的做法是否合理呢？省教育厅一位不愿透露姓名的工作人员对此表示，学校有自主办学权，也有自己的规定。适当让学生参加一些实践课，且实践课纳入教学管理规定，是允许的。至于实践课的具体内容，教育部门目前没有这方面的统一规定，只能视情况而定。

社科院研究员：

高校应端正教学思想

省社会科学院某研究员对此表示，学校用扫厕所、扫操场等劳动与学分挂钩的做法显然是不对的。学生的主要任务是学习，即使学生劳动也不应为了代替清洁工的工作。学校的做法显然是把“劳技课”与工人的工作混淆了。

虽然民办教育具有一定的盈利目的，但是教育本身关系国家人才的培养，学校应具有一定的社会责任感。不论是公办学校或是民办学校，都要坚定不移地贯彻国家的教育方针，端正教学思想，注重学生的全面培养。目前，大学生就业压力很大，无论什么样的学校，都更应该注重学生动手能力的培养，即便是劳动，学校也应该有目的性地给学生安排一些与本专业相关的劳动，只有这样才能培养出适应社会需求的学生。

思考：如何把握劳动实践的尺度？

参考自：中国新闻网

8.2.6 任务拓展训练

你了解校园清洁工的日常工作吗？思考你所认为的校园室外清洁有哪些要点，并实际观察校园清洁工的一日工作，对比你的事前思考，说说校园室外工作中有哪些细节是你以前没有想到的。

项目小结

通过综合整治环境卫生，宣传健康环境理念，大力加强校园环境卫生基础设施建设，逐步建立完善环境卫生综合管理机制，进一步提高广大师生卫生意识、健康素质和生活质量。

拓展提高

本课学习了校园清洁的方方面面，校园的环境是需要我们共同维护的。请你实际参加一次校园清洁活动，并谈谈你的收获与想法。

项目九

义务劳动

项目导言

义务劳动，指不计定额，不要报酬，出自自己的自由意志而进行的劳动。

项目描述

劳动是一切财富的源泉，劳动也是人类社会和人本身进步的根本要求，热爱劳动不仅是社会主义思想所宣传的一种美德，也是我们中华民族的传统美德。我们是社会主义国家，理所当然地应该在全社会大张旗鼓地宣传热爱劳动、尊重劳动、崇尚劳动，劳动、包括义务劳动应该成为每一个公民的义务。通过参与相关义务劳动主题活动，让学生了解义务劳动的具体举措，自觉维护社会的环境，对社会环境抱有义务感，能够将义务劳动的知识运用于实践。

教学目标

知识目标：了解义务劳动的具体举措

能力目标：能够将义务劳动的知识运用于实践

情感目标：能够自觉维护社会的环境，对社会环境抱有义务感

教学任务

任务一　义务劳动的含义和意义

任务二　义务劳动在德育方面的意义

任务三　养成奉献精神

建议学时

2 课时

任务一　义务劳动的含义和意义

9.1.1　任务描述

为了让大学生能尽快融入社区，丰富社会经验，某公园街道某社区组织某学校的学生志愿者开展了以“美化环境　从我做起”为主题的义务劳动活动。

活动结束后，参加义务劳动的学生志愿者们纷纷表示，通过义务劳动不仅提高了自身的实践能力，还培养了劳动意识和社会责任感，以后会经常到社区开展环境卫生整治志愿活动，为社会多做力所能及的贡献。

9.1.2　任务分析

学生作为义务劳动的主力军，在服务社会、奉献他人方面做出了很多成绩和贡献。近年来，随着志愿服务活动的蓬勃发展，高校越来越重视志愿服务的实践育人功能以及思想载体作用。在新形势下，如何更加有效地开展职业院校学生志愿服务活动，关乎志愿服务活动常态化和长效化的运行，关乎社会主义核心价值观的深入践行，关乎大学生高尚情操的扎实树立。要求高校对志愿服务的现状进行分析，对新形势下如何更好地开展大学生志愿服务活动提出具体的对策。

9.1.3　任务实施

一、义务劳动的含义

单从劳动二字来说，是指人们改造自然、创造物质财富的活动。义务劳动，虽然只比劳动多了义务二字，但蕴涵了更多的能量与意义。

义务劳动，也称志愿劳动，是指不计定额、不要报酬、自觉自愿地为社会劳动。《劳动法》第六条是国家对劳动者提倡、鼓励行为的规定。其中首句就是“国家提倡劳动者参加社会义务劳动”，对此，我们应该如何理解呢？

《现代汉语词典》对“义务劳动”一词的解释是“自愿参加的无报酬的劳动”。而“社会义务劳动”是指社会公益活动，具体一点，就是有关卫生环境、抢险救灾、帮贫扶弱等群众性福利事业的义务劳动。这种劳动是完全建立在劳动者的主动性、自觉性的基础上的，体现的是劳动者崇高的社会责任感和高尚的品德。它与劳动者在劳动关系范围内的法定劳动义务不同。对于社会义务劳动，《劳动法》在其规定中也只是提倡，并没有强制性要求。作为劳动者，可以参加，也可以不参加，这取决于劳动者本人的思想境界，属于道德范畴的问题。而法定劳动义务就复杂多了，它存在于一种权利和无相互转换的关系之中，《劳动法》对该尽什么义务，该享受什么权利，进行了严格的规定，属于法律范畴的问题。后者与前者最大的不用之处在于，有取得劳动报酬的权利，是一种有条件的劳动。它们的区别还在于，社会义务劳动创造了良好的社会风气，是精神文明的成果，而围绕与企业生产进行的劳动则纯粹是为企业创造利润。

二、义务劳动的意义

义务劳动总是涉及方方面面，大至国家，小至家庭。中华民族的伟大复兴以及中国梦的实现需要义务奉献牺牲精神；新时代目标任务的实现需要义务奉献牺牲精神；社会和经济发展需要全体人民发扬牺牲奉献精神；做一个品德高尚的人需要奉献牺牲精神。

义务劳动是一种精神文化的行为表现，它不可能像物质财富那样通过简单的购买和继承的方式来获得，具有不可转让性。

在社会中，凡事以利益活动为主，以经济发展为先。但社会义务劳动，其主要目的并不是为了创造物质财富，而是为了营造精神氛围，这对于社会发展而言是更有意义的。一个国家，需要人民自主自发地奉献，需要人民自愿地为国家劳动。

社会义务劳动既然是一种劳动，就必然存在着各种生产要素的合理组织与利用的问题，投入与产出的比较仍然是衡量它有效与否的根本标准。近几年来，各界群众都以不同形式或多或少地参加义务劳动，为社会做出了应有的贡献。但是，也必须看到，在开展义务劳动的活动中，确有大量不讲经济效益的现象，影响了义务劳动的综合效果。因此，明确指出社会义务劳动也要讲经济效益，对于引导义务劳动健康发展是很有现实意义的。

在学校，教师可以引导学生思考学校义务劳动的意义，却不能代替学生体会义务劳动的含义及其劳动过程中的感受。学校的义务劳动曾试图通过“成果转让”的方法将现成的学校义务劳动内涵和由于劳动成果带来的种种感受，以知识的形式直接转让给学生，部分教育者甚至认为运用这样的方式进行劳动教育，学生就会自然形成对劳动的热爱，并自动转化为自觉的劳动行为。但事实上，这种办法是行不通的。他们忽略了品德形成过程的特殊性，忽略了知识是不可能自动转化为行为的客观性规律。反过来，这种观点又导致学生对义务劳动教育的错误认识，认为义务劳动是在课堂上被动地接受知识，是在教室中完成的，是在书本和教师的说教中“转让”而得的。只要学生听进去了，劳动知识和劳动情感就获得了，用不着真正意义上的劳动实践，以至于学生在形式化的大扫除等活动中，马马虎虎，敷衍了事，得不到真正意义上的劳动锻炼，洗涤不了心灵，在学校中的义务劳动的教育效果也就尤甚其微了。

义务劳动是学生德育实践的主要形式之一。近些年来，在学生中出现了厌恶劳动、鄙视劳动人民的现象。学生中出现的奢侈浪费、不珍惜粮食、大把花钱的现象，实质上是脱离劳动、脱离劳动人民的一种倾向。针对这些，加强劳动实践是十分重要的。

习近平总书记强调，“要在学生中弘扬劳动精神，教育引导学生崇尚劳动、尊重劳动，懂得劳动最光荣、劳动最崇高、劳动最伟大、劳动最美丽的道理，使其长大后能够辛勤劳动、诚实劳动、创造性劳动”。这对学生的全面发展具有重大意义。

9.1.4 任务总结

义务劳动是忘我的劳动，参加义务劳动的光荣感，有利于塑造自己美好的心灵。集体义务劳动，能够让学生体会到集体的力量、集体的温暖，也能令其体会到劳动的光荣感。教师应有意识地组织学生参加力所能及的义务劳动，让学生对劳动有一个更深入的认识，亲身体会到劳动的艰辛和劳动的光荣，让学生重视劳动，重视自己的劳动成果，加强学生的劳动观念，帮助学生树立正确的人生观、价值观。

9.1.5 相关知识

学生进社区 义务劳动展风采

2019 年 12 月 6 日，某社区多了一道亮丽的风景线，他们都是某职业技术学院的学生，一群青春、活力，充满阳光气息的志愿者，今天他们来到该社区开展一系列大学生社会实践志愿活动。

活动中，志愿者们发扬不怕脏、不怕累的精神，社区到处都是同学们忙碌的身影。

经过近三个小时的劳动，小区内焕然一新，环境卫生状况得到了很大的改善。

通过此次活动，增强了青年思想道德素质的教育，培养了当代大学生主人翁意识、劳动意识和社会责任感。大学生志愿者们纷纷表示，参加这种活动增强了自己的社会责任心。

今后，该社区将把志愿者活动形成长效机制，充分利用高校教育资源的优势，引导和鼓励更多青年志愿者积极参与行动，奉献自己的爱心，共同追求和谐美好的生活。

参考自：南昌新闻网讯

9.1.6 任务拓展训练

你参加过义务劳动吗？如果参加过，请你谈谈自己对于义务劳动的想法。如果没有参加过，请实际参加一次再谈谈自己对于义务劳动的想法。展开主题班会相互分享自己在义务劳动中的收获。

任务二 义务劳动在德育方面的意义

9.2.1 任务描述

开展义务劳动是贯彻党的教育方针和对学生进行德育的重要内容之一，它有利于增强学生的劳动观念、集体主义观念，有利于培养学生爱护公共财产的意识，有利于促进班风、校园文明建设。

9.2.2 任务分析

思想政治教育的重要任务是立德树人。德育教育作为学校教育的重要方面，在引导学生全面发展上起到十分重要的作用。志愿服务作为德育教育的一个有力载体，在德育育人上具有独特的功能优势。以关爱残障儿童志愿服务项目为例，详细说明志愿服务项目中具体的思路和做法，从德育教育视角出发，对实践项目效果进行评估，为高校的志愿服务工作提供借鉴范本。

9.2.3 任务实施

义务劳动对学生的具体德育作用主要有以下几点：

一、培育劳动者素质

面对日趋激烈的国际竞争，一个国家发展能否抢占先机、赢得主动，越来越取决于国民素质，特别是广大劳动者素质。习近平总书记高度重视提高劳动者素质，强调要引导广大职工和劳动者树立终身学习理念，不断提高思想道德素质和科学文化素质。

素质是立身之基，技能是立业之本。学生要勤于学习，学文化、学科学、学技能、学各方面知识，不断提高综合素质，练就过硬本领。要立足专业，向老师学、向同学学、向书本学、向实践学。三百六十行，行行出状元。劳动没有高低贵贱之分，任何一份职业都很光荣。学生毕业后要立足本职岗位诚实劳动。无论从事什么劳动，都要干一行、爱一行、钻一行。在工厂车间，就要弘扬“工匠精神”，精心打磨每一个零部件，生产优质的产品；在田间地头，就要精心耕作，努力赢得丰收；在商场店铺，就要笑迎天下客，童叟无欺，提供优质的服务。只要踏实劳动、勤勉劳动，在平凡岗位上也能干出不平凡的业绩。

从提出实施科教兴国战略到做出人才强国战略、创新驱动发展战略重大决策部署，大力加强教育、着力提高劳动者素质，已经成为由“中国制造”向“中国创造”迈进的必然选择和实现转型升级的基础工程。通过学习新知识、掌握新技能，用社会主义核心价值观武装头脑，提升职业道德，坚定理想信念，增强“三个自信”，立报效祖国之志，行勤勉奋发之举，创开拓进取之业，建服务人民之功，学生就能立足专业成长成才，在建设国家中实现人生价值。

二、弘扬劳动精神

义务劳动教育对一个人的发展极其重要，是一个人得以发展的基础。

1. 义务劳动，不论是体力劳动还是脑力劳动，都要做出努力，都会耗费精力，要取得劳动成果，需要有顽强的意志和毅力，因而可以培养大学生的自信心、责任心、情感和意志等思想品质。培养大学生的自信、自强就要从劳动教育开始。过去许多家训里讲的“黎明即起，洒扫庭院”，就是要培养学生自己动手的习惯，养成“我能做，我会做”的自信心。

2. 认识义务劳动是产生财富的源泉，从而培养学生尊重劳动、热爱劳动、尊重劳动人民的品质。劳动没有贵贱之分，只要是劳动，就能为社会增加财富，都是为社会服务。

3. 义务劳动是创造的基础。学生在劳动中既要动手，又要动脑，是一种创造性活动。一个模具专业的学生在实训室一学期要做成一件产品，如榔头，他要自己设计、自己制作，在老师的帮助下克服困难。这一过程培养了他的创造意识和创新精神。

因此，义务劳动教育不仅能培养学生的生活技能，而且能促进学生的体力发展和智力发展，培养学生的创新精神和实践能力，使学生养成尊重劳动的思想品德。义务劳动不仅能提高学生的智力，而且可以将教育和劳动结合起来，体脑结合能够提高学习效率。

当今时代是创新的时代。创造新的知识、新的技术，不是凭空想出来的，而是在艰苦的劳动中创造出来的。义务劳动创造财富，劳动创造新的思维，义务劳动也促进了人类的进步。可见，培养学生热爱劳动、尊重劳动，树立劳动光荣而幸福的情感十分有必要。

三、大力提倡义务劳动，提升内在生命力

1. 让义务劳动教育成为一种价值召唤

在观念层面，大力提倡义务劳动精神要凸显综合性与统领性，让义务劳动教育成为一种价值召唤。义务劳动教育不是一种独立的教育形式，而是各种教育的统领，能够把其他一切教育内容联结在实践之中。义务劳动教育不仅能够培养学生爱劳动、依

靠自我劳动生存与创造的道德品质和人格品质，增强体质，磨炼意志，发扬志愿服务精神，促进身心健康，还能够丰富学生对人生的理解，增强学生对自我发展以及成功体验的审美意义，能够实现把知识转化为能力，增进智慧等功能，即“以劳树德、以劳增智、以劳强体、以劳育美”。

义务劳动教育并不狭隘地指体力劳动、志愿服务或直接的生产劳动，而是基于志愿服务、体力劳动与物质生产劳动的实践活动。在家庭生活中体现为自理、自立的独立生活活动，在职业生活中体现为通过自己力所能及的各种劳动获取物质生活资料的活动，在社会生活中体现为丰富多样的为社会做出应有贡献的公益性活动，在学校学习中体现为与具体的学科知识相联系的实践和动手操作的、能够化知识为能力与智慧的活动。义务劳动教育不是社会、学校或家庭单方面的事情，而是这三个教育渠道相互配合、密切联系、各司其职的整体性教育。

2. 让义务劳动成为一种积极的生存方式

在实践层面，要强化激励性与基础性，让义务劳动成为一种积极的生存方式。义务劳动教育不是刻意、强制的观念和行为，而是依存于自觉意识、自觉追求和自觉行为过程中的。但是，义务劳动教育又无时不在、无处不在，它必须渗透到教育的各个环节、各个方面，成为整个教育的基础和归宿。因此，应该把义务劳动的理念和行为渗透到生活、学习、工作的各个环节中，使之成为一种生存方式。

9.2.4 任务总结

学校是学生思想政治教育的主阵地和主课堂，不仅要提高青年学生的科学文化素质，更要大力提高他们的思想政治素质。志愿服务作为实践育人的重要平台，其本质是学生群体在“做与思”的互动结合中统一价值观的过程，对全方位推进学生思想政治教育、多方面促进学生全面发展具有重要意义。

9.2.5 相关知识

从一次义务劳动看企业凝聚力

对于企业而言，让更多的人直接参与企业具体的生产经营实践活动，是企业党委的组织能力、动员能力以及号召能力的体现，也是依靠职工办企业的体现。

《阳泉日报》曾刊登了题目为《阳光同心　其利断金》的新闻报道，介绍了阳光发电公司组织党员突击队人工接卸火车煤的动人故事。据报道，连同兄弟单位在内约 200 名职工党员共接卸火车煤 2000 多吨，人均卸煤 10 多吨。阳光公司的义务劳动主题党日活动，赢得了人们的高度称赞。

称赞主要集中在两个方面：其一，在市场经济条件下，企业党建工作找到了落脚点；其二，党员的先锋模范作用，在企业的实际工作中得到了具体体现。

企业党建工作要紧紧围绕企业生产经营这个中心开展。七八月间，正是电力企业迎峰度夏的关键时期，充足的燃料保证是完成这项工作的重要前提。拓展煤源，增加供量，是每家火力发电企业这段时期工作的重中之重。据报道，该列火车煤是阳光公司停运多年之后又重新启用的第一列火车煤。火车煤的开通以及该列火车运来的燃煤，对公司的生产经营而言，的确意义非凡。阳光公司把主题党日活动内容选在卸煤这个重要环节上，凸显了工作主题，非常贴合实际。

有过工作经验的人都知道，人工从火车上卸下含有水分大的煤是件困难的事。从报道中可以看出，仅有充沛的体力和持久的耐力其实未必能成事，真正能支撑这支队伍从早晨干到晚上，最根本的原因还是洋溢在这些共产党员身上的无私奉献精神。党员的先进性体现应当是多方面的，但在这里却是最直观可见的。急企业之所急，解企业之所困。卸空的车皮可以证明，他们无愧于共产党员这一光荣称号。

对于企业而言，把员工组织起来，让更多的人直接参与企业具体的生产经营实践活动，是企业党委的组织能力、动员能力以及号召能力的体现，也是依靠职工办企业的体现。对于员工而言，能成为宏大叙事中的一分子，并能充分地展示自己的价值，心中的归属感和自豪感将得到极大满足。而最终，这些思想和感情都将化为企业的凝聚力、向心力和战斗力，成为企业不可多得的宝贵财富。

组织高强度的集体义务劳动，突击完成诸多急难险重任务，现在有很多企业不愿做也做不好，这不得不说是企业管理者的一个遗憾。阳光公司的生动实践，给这些企业管理者树起了标杆。

9.2.6 任务拓展训练

1. 积极参与义务劳动。利用课余时间，身体力行，捡拾垃圾，共同创造“绿色校园”。

2. 绿化环境、美化校园，以各种形式积极参与校区及周边的环境卫生、校园绿化行动。

3. 多一份关爱，多一份呵护，从我做起，爱护校区的一草一木。

4. 减少一次性筷子的使用，减少日常纸张的浪费，珍惜、保护绿色资源。

5. 积极宣传环保理念、倡导绿色文明，及时劝阻破坏环境的行为。

任务三　养成奉献精神

9.3.1　任务描述

青年兴则国家兴，青年强则国家强。青年一代有理想、有本领、有担当，国家就有前途，民族就有希望。无论是1998年的抗击特大洪水、2008年的汶川大地震，还是这次的疫情阻击战，每一代青年人都在关键时刻挺身而出。通过劳动教育的引导，不断增强的公共服务意识，会让越来越多的青年一代在任何时候、任何行业，在党和人民群众最需要时，成为最值得信赖的人和时代进步的中流砥柱。

——《用劳动教育培育青年的奉献精神》

9.3.2　任务分析

随着社会主义市场经济制度的不断深化与发展，我国处于社会转型与改革开放时期，在人们的个人利益不断得到重视和提升的同时，义利观也发生了变化，出现了人们对于奉献精神的内涵与价值认识的偏差，奉献意识薄弱，奉献精神形式化，奉献精神在日常生活中的价值认同度降低等，因此，提高奉献精神在新时期的道德认同感和亲和力，通过从奉献精神到大爱精神的道德价值提升让奉献精神真正贴近日常生活，进一步丰富和发展奉献精神的时代意义和深刻内涵，是提高学生的生活幸福感，建设社会主义和谐文化的新探索，也为构建和谐社会提供更多的精神动力。

9.3.3 任务实施

一、奉献精神的含义

奉献："奉"，即"捧"，意思是"给、献给"；"献"，原意为"献祭"，指"把实物或意见等恭敬庄严地送给集体或尊敬的人"。两个字和起来，奉献，就是"恭敬的交付，呈献"。

奉献精神是社会责任感的集中表现。奉献是一种态度，是一种行动，也是一种信念。或许是一句问候，或许是一个微笑，或许是一个赞许，或许是一个举手之劳，都会让人感到温暖甚至欣喜。奉献，方便了别人，提升了自己；奉献，激励了他人，鼓舞了自己。奉献，是源自内心小小的感恩的心，是对社会和人民的感恩。常怀奉献之心的人才能真正懂得人生的快乐，心拥奉献之念的人才能真正懂得人生的真谛。奉献精神更是一种力量。

二、培养奉献精神的途径

（一）深化学生思想政治教育

通过爱心服务团等活动平台为学生思想政治教育提供了多种渠道，为学生理想信念教育、爱国主义教育提供了很好的载体，对学生树立正确的世界观、人生观、价值观产生了很好的影响。

（二）提高学生奉献意识

职业院校学生身兼富民兴国的历史使命，因此，对职业院校学生进行奉献精神教育对其形成正确的人生观和价值观有重要的影响作用。职业院校学生要形成奉献意识，践行奉献精神，传承奉献传统。在提高专业技能的同时培养自己全方位的能力，从主观层面将自己培养成符合社会发展要求的具备全面素质的人才，并能够自觉屏蔽社会不良现象的影响和侵蚀，自觉参加社会实践，将奉献意识实践到每一件小事当中去。

（三）丰富学生校园文化建设

通过组织开展有关艰苦奋斗、无私奉献精神的宣传教育活动，使职校学生能够自觉培养奉献意识，能够客观正确理性地认识自己将来的就职方向和工作性质，通过网络、校内广播等不同渠道宣传学生奉献精神，通过社会实践、志愿服务的方式为实现自己的理想和目标不懈努力。通过海报以及黑板报等形式在校园里大力弘扬全心为民、无私奉献的精神，努力营造良好的校园环境，激励全校师生的工作激情和积极向上的学习态度；培养大学生全心全意为人民服务的责任意识、公平正义的信念以及奉献精神，使大学生的奉献精神得以形成和发扬。

（四）树立自强不息、无私奉献的先进典型

树立一批自强不息、无私奉献的先进典型，组成事迹宣讲团，在全校范围内巡回演讲，发挥辐射示范作用，营造人人学先进、人人赶先进、人人争先进的良好氛围。

国际护士节
弘扬奉献精神
感恩抗疫英雄

9.3.4　任务总结

奉献精神是一个人社会责任感的集中表现，对国家、对人民来说是精神支柱。学生背负着家庭的希望、祖国的厚望，他们的奉献精神关系着国家的繁荣昌盛、家庭的和谐与稳定。要积极弘扬奉献精神，凝聚起万众一心奋斗新时代的强大力量。

9.3.5　相关知识

发挥敬业奉献精神

富兰克林说过“尽力做好一件事，实乃人生之首务”。列夫托尔斯泰说过“竭力履行你的义务，你应该就会知道，你到底有多大价值”。诸葛亮的“鞠躬尽瘁，死而后已”。这些都是激励人无私奉献，为事业奉献自我的名言警句。我们青年人应该谨记名言，发扬敬业奉献精神。

当代青年都是家里的“小公主”“小王子”，集长辈宠爱于一身，对于即将刚步入社会的他们来说，或许做好了吃苦的准备，但是真遇到了该操劳辛苦的事时，他们又会觉得委屈难受。工作的挫折、心情的不悦、领导的批评等，都可能让他们辞掉工作。当代青年人，应该学习老一辈在工作岗位上战斗到最后，全身心投入工作的敬业奉献精神。

敬业奉献精神，是我们常挂嘴边的，也是我们最不容易做到的。在过年过节坚持值班的工作人员，在突发情况时不分昼夜工作在一线的工作人员，在病魔来袭时不畏危险的医护人员……正因为这个社会有他们的奉献与挺身而出，我们的生活才会如此幸福。敬业奉献精神不是说出来的，而是做出来的。首先我们青年人要坚定意志，把服务群众、奉献自我当做目标，树立信念，然后不断锻炼自我意志。愿青年人都能发扬敬业奉献精神，为我们的社会做出更大的贡献。

9.3.6 任务拓展训练

奉献精神在我国有着悠久的历史，你认为奉献精神在当代有什么意义？结合当代名人事例谈谈奉献精神的当代意义，着重说明奉献精神在社会进步与个人提升方面的作用。

项目小结

随着志愿服务在我国的发展，学校越来越重视学生志愿服务的实践育人功能。学生志愿服务，传承了中华民族奉献、友爱的传统美德，优化了校园文化环境，体现了时代精神和育人本质，传递了正能量，是对社会主义核心价值观的具体实践。开展学生志愿服务活动，有利于培养学生坚定的理想信念，增强学生的爱国主义、奉献主义精神，培养学生的现代公民意识，增强学生的社会责任感，有利于学生做到知行统一，有助于学生树立高尚的道德品质。

拓展提高

结合具体的义务劳动案例思考一下，“义务劳动”的“义务性”是怎样体现的？义务劳动得到的经验对我们的日常生活及未来工作有哪些好处？义务劳动与有偿劳动存在怎样的关系？写一篇小论文总结本章所学。

项目十

开展农业劳动实践

项目导言

农业（Agriculture）是利用动植物的生长发育规律，通过人工培育来获得产品的产业。农业属于第一产业，研究农业的科学是农学。农业的劳动对象是有生命的动植物，获得的产品是动植物本身。农业是提供支撑国民经济建设与发展的基础产业。

项目描述

为了增强学生对我国传统农业发展的认识，了解关于农业的基本知识，使学生对我国当代农业发展抱有自豪感，某中职院校准备开展主题为“传承经典，助力现代农业”的演讲大赛，如果你是参赛选手中的一员，你准备以什么为切入点准备你的演讲稿？

教学目标

知识目标：了解关于农业的基本知识

能力目标：理解农业发展对我国的重要性

情感目标：对我国当代农业发展抱有自豪感

教学任务

任务一　了解中国农耕文明

任务二　认知可持续发展的意义

任务三　了解有机农业和循环经济的模式

建议学时

2 课时

任务一 了解中国农耕文明

农业自然教育

10.1.1 任务描述

某校组织了一次耕种实践活动，同学们都很积极地参与，大多数作物都喜获丰收，可是姜还是老样子，同学沮丧地说："期盼收获姜宝宝，谁知又是姜老头。"这是怎么回事呢？老师鼓励大家自主探究，同学们分小组行动，去小村庄走访种姜专业户，查阅书刊，上网搜索，一个星期后，同学们的答案汇总上来，得出的结论是：同一园内反复栽种相同的作物不利于生长，也就是怕重茬。于是，第二年我们尝试倒茬种植，根区和叶区互换，茎区和花区互换，果区和种子区互换。终于，在金秋时节，姜老头变成了姜宝宝，学生们实践探究又获得了成功，他们发现问题、分析问题、解决问题的能力又得到了提升，合作意识、探索精神也在他们心里扎根。

10.1.2 任务分析

农耕文明是人类史上的第一种文明形态。原始农业和原始畜牧业、古人类的定居生活等的发展，使人类从食物的采集者变为食物的生产者。人类进入农耕文明后，积攒了许多与农业劳动有关的技能经验，通过调查和学习，掌握了一些与农业相关的技能小知识。

10.1.3 任务实施

一、农耕文明

现代农业文明的实现，不仅满足了人类对能源、资源的需求，也推动了经济增长方式的转变，意味着对传统经济与社会组织的颠覆与改造。现代农业文明带给当代人类的不仅仅是一种新能源，更是继工业革命之后的又一次经济形态转型的新革命。

农业精神来自中国传统农业，体现和贯彻中国传统的天时、地利、人和以及自然界各种物质与事物之间相生相克关系的阴阳五行思想，精耕细作、轮作套种，是它的典型工作生产模式。中国在长期的农业社会中形成了具有典型的农业特点的农业精神。

二、中国农耕文明的发展

中国传统文化中理想的家庭模式是“耕读传家”，即既要有“耕”来维持家庭生活，又要有“读”来提高家庭的文化水平。这种培养式的农耕文明推崇自然和谐，契合中国文化对于人生最高修养的乐天知命原则，乐天是知晓宇宙的法则和规律，知命是懂得生命的价值和真谛。

崇尚耕读生涯，提倡合作包容，而不是掠夺式利用自然资源，这符合今天的和谐发展理念。

农耕历程恰如一部厚重磅礴的歌诀从远古吟咏而来。早在先秦时期中国民间流传的《击壤歌》中就有记载：“日出而作，日入而息。凿井而饮，耕田而食。”描述了乡村闾里人们击打土壤，歌颂太平盛世的情景。唐代诗人李绅写的“锄禾日当午，汗滴禾下土，谁知盘中餐，粒粒皆辛苦。”反映了广大农民的艰辛不易。南北朝庾信亦有诗为证：“兴文盛礼乐，偃武息民黎。”体现了文化在衣食温饱解决之后的重要意义。“朝为田舍郎，暮登天子堂。”刻画了读书人对积极人生的理想与追求。中国上万年的可持续发展的农业历史，创造了发达持久和长盛不衰的传统文化。同时，灿烂辉煌的汉文化又丰富了农业的内涵。

10.1.4　任务总结

农耕文明决定了中华文化的特征。中华文化是有别于游牧文化的一种文化类型，农业在其中起着决定作用。聚族而居、精耕细作的农业文明孕育了自给自足的生活方式、文化传统、农政思想、乡村管理制度等，与今天提倡的和谐、环保、低碳的理念不谋而合。历史上，游牧式的文明经常因为无法适应环境的变化，导致突然消失。而农耕文明的地域多样性、历史传承性和乡土民间性，不仅赋予中华文化重要特征，也是中华文化之所以绵延不断、长盛不衰的重要原因。

10.1.5　相关知识

发达国家的农业教育

美国　农业教育的特点是以立法来推动农业教育，实行农业院校、农业试验站和农业推广服务三结合的制度，并建立许多有关的群众性组织。有组织的农业教育开始于18世纪末。1862年，通过了赠地学院法案，规定用出售公地的收入作为经费，每州至少建立一所开设农业和机械课程的州立学院，赠地学院即因此而得到迅速发展。1877年通过《哈奇法案》后，由农业部、州和州立大学农学院共同领导的农业试验站逐渐发展成为农学院的一个组成部分。1914年通过的《史密斯—利弗法案》，则为农业技术推广事业的发展奠定了基础；而推广服务工作也由农业部和农学院共同领导，并以农学院为主。这样，就从州到县形成了农业教学、农业科学研究和农业推广三者密切结合的完整体系，而州农学院则在这个体系中发挥中心作用。第一次世界大战后，许多州立农学院都发展成为综合性大学。此外，美国中等学校中的农业学科和农业职业教育等也有较快发展。20世纪初为适应农村青年需要而发展起来的各种群众性团体和俱乐部如4H俱乐部（又称四健会）和美国未来农民联合会（简称FFA）等，除进行农业推广服务外，也有一定的农业教育作用。

德国　农业教育有3个层次：

① 普通农业职业学校。采用“双元制”，即学生学习期间一面在家庭农场接受农业师傅的指导，学习实际操作技能；一面在校学习理论，学制3年。学生毕业时，经国家考试合格，方可取得农民资格。

② 农业专科学校。主要以取得农业职业学校毕业证书的农民或农业职业学校毕业

生为对象，再经一定年限的学习，经国家考试合格，取得农业师傅或农业技术员资格。

③ 高级农业院校。其中有的是以10年制中学毕业后又经过职业培训的学生为对象，以培养农业工程师为目标；有的是大学的农业系，学制4年，招生对象一般为13年制中学毕业，又经过1年职业教育的学生，毕业后从事正式工作前，需经1～2年业务实习，方能取得工程师称号。

日本 根据第二次世界大战后的日本新学制，初级中学、高级中学和大学（包括短期大学、研究生院等）都进行农业教育。初级中学主要是进行一般的农业知识、技能教育。高级中学设有多种农业学科，如2年定时制的“农业专攻科”和1～2年全日制的“农业特别专攻科”等。大学农业教育以培养高级农业科技人才和政府农业管理干部为目标。此外还有各种形式的农业专修科、进修班、短期大学农业教育等。

10.1.6 任务拓展训练

校园采摘节

在以前的学段中，我们也接触过一些农业相关的文化知识（例如，《悯农》、“二十四节气歌”等），结合以前所学，并结合互联网、书本知识，谈谈我国古代的农耕文化对现代有什么影响，可以从社会角度或个人角度进行讨论。

任务二 认知可持续发展的意义

10.2.1 任务描述

中国是人口众多、资源相对不足的国家。改革开放以来，党中央、国务院高度重视中国的可持续发展。1994年3月，国务院通过《中国21世纪议程》，确定实施可持续发展战略。

党的十九大报告更是将可持续发展战略确定为决胜全面建成小康社会需要坚定实施的七大战略之一。

可持续发展是基于社会、经济、人口、资源、环境相互协调和共同发展的理论和战略，主要包括生态可持续发展、经济可持续发展和社会可持续发展，以保护自然资源环境为基础，以激励经济发展为条件，以改善和提高人类生活质量为目标，宗旨是既能相对满足当代人的需求，又不能对后代的发展构成危害。

10.2.2 任务分析

当代人类面对着各种发展困境和危机。要解决这些新问题，就必须涉及下面两个方面的研究：一是对造成这些问题的传统的发展模式和道路进行价值论的评价和反思，探索造成这些问题的价值论上的根源；二是要对新的发展模式（可持续发展模式）进行伦理规范。

10.2.3 任务实施

一、可持续发展的含义

可持续发展是科学发展观的基本要求之一，是关于自然、科学技术、经济、社会协调发展的理论和战略。最早出现于1980年国际自然保护同盟的《世界自然资源保护大纲》：“必须研究自然的、社会的、生态的、经济的以及利用自然资源过程中的基本关系，以确保全球的可持续发展。”1981年，美国布朗（Lester R. Brown）出版《建设一个可持续发展的社会》，提出以控制人口增长、保护资源基础和开发再生能源来实现可持续发展。1987年，世界环境与发展委员会出版《我们共同的未来》报告，将可持续发展定义为“既能满足当代人的需要，又不对后代人满足其需要的能力构成危害的发展”。它系统阐述了可持续发展的思想。1992年6月，联合国在里约热内卢召开的“环境与发展大会”，通过了以可持续发展为核心的《里约环境与发展宣言》《21世纪议程》等文件。随后，中国政府编制了《中国21世纪议程——中国21世纪人口、资源、环境与发展白皮书》，首次把可持续发展战略纳入我国经济和社会发展的长远规划。1997年的中共十五大把可持续发展战略确定为我国“现代化建设中必须实施”的战略。

2002 年中共十六大把“可持续发展能力不断增强”作为全面建设小康社会的目标之一。

二、可持续发展的意义

可持续发展的当代意义如下：

1. 实施可持续发展战略，有利于促进生态效益、经济效益和社会效益的统一。

2. 有利于促进经济增长方式由粗放型向集约型转变，使经济发展与人口、资源、环境相协调。

3. 有利于国民经济持续、稳定、健康发展，提高人民的生活水平和质量。

4. 从注重眼前利益、局部利益的发展转向长期利益、整体利益的发展，从物质资源推动型的发展转向非物质资源或信息资源（科技与知识）推动型的发展。

5. 我国人口多、自然资源短缺、经济基础和科技水平落后，只有控制人口、节约资源、保护环境，才能实现社会和经济的良性循环，使各方面的发展能够持续有后劲。

10.2.4 任务总结

如何处理经济发展、人的发展、可持续发展三者之间的关系

可持续发展综合国力的内涵决定了在提升可持续发展综合国力的过程中，科技创新是关键手段，生态系统的可持续性是基础，经济系统的健康发展是条件，社会系统的持续进步是保障。站在可持续发展的高度，用可持续发展的理论去衡量综合国力，使综合国力竞争统一于可持续发展的宏观框架内，从而适应社会、经济、自然协同发展的需要，就必须从观念、作用、评价标准等方面对综合国力进行全面的再认识。可持续发展综合国力的价值准则是国家在保持其生态系统可持续性的基础上，推动包括社会效益和生态效益在内的广义综合国力的不断提升，实现国家可持续发展的过程。

10.2.5 相关知识

可持续发展的一般措施

一、农业可持续发展的一般措施

1. 调整农业产业结构，因地制宜发展农业。

2. 控制农村人口增长，提高人口素质。

3. 加大农业科技投入，加快农业技术的应用和推广。

4. 发展节水农业、生态农业。

5. 农业发展与生态环境保护相结合。

6. 延长产业链，增加农产品的附加值，增加农民的收入。

7. 加强农业基础设施建设，改善农业生产条件。

8. 改善农业生态环境，促进农业的可持续发展。

二、工业可持续发展的一般措施

1. 调整产业结构，发展新兴工业（高新技术产业）和第三产业。

2. 调整工业布局，合理规划，保证各行业平衡发展。

3. 拓展交通，完善交通网，提高区域开放程度。

4. 发展科技，更新设备，提高资源利用率。

5. 消除污染，美化环境。

6. 控制工业污染的排放，实行清洁生产。

三、区域经济可持续发展的一般措施

1. 控制人口数量，提高人口素质。

2. 合理开采，节约利用资源，提高资源利用率。

3. 加强生态环境的建设，保护环境。

4. 因地制宜发展农业，发展生态农业。

5. 控制工业污染，实行清洁生产。

6. 调整产业结构和工业布局，大力发展第三产业和高技术产业。

7. 发展绿色经济，循环经济。

10.2.6　任务拓展训练

学完本课，你对可持续发展有什么认识？有哪些措施有利于可持续发展？结合具体的措施谈谈你的想法，并开展相关主题班会分享所得。

任务三　了解有机农业和循环经济的模式

10.3.1　任务描述

我国根据行业发展的实际特征将有机农业定义为：遵照一定的有机农业生产标准，在生产中不采用基因工程获得的生物及其产物，不使用化学合成的农药、化肥、生长调节剂、饲料添加剂等物质，遵循自然规律和生态学原理，协调种植业和养殖业的平衡，采用一系列可持续发展的农业技术以维持持续稳定的农业生产体系的一种农业生产方式。

10.3.2 任务分析

农业可持续发展的研究与实践一直是我国全面实施可持续发展站略的重要组成部分。我国农业可持续发展迫切需要追赶发展循环经济的时代大潮，发展农业循环经济有利于推动农业可持续发展。从可持续发展的角度来看，发展以循环经济为中心的农业可持续发展模式，是解决“三农”问题的现实可行途径。同时，现代常规农业所面临的环境污染、生态破坏、资源耗竭的问题也有待于运用循环经济原理与发展来解决。通过本项目的学习，探讨我国农业循环经济发展的现状，分析我国农业循环经济发展面临的障碍及其原因。

10.3.3 任务实施

一、有机农业

1. 有机农业的定义

一般定义

有机农业是遵照一定的有机农业生产标准，在生产中不采用基因工程获得的生物及其产物，不使用化学合成的农药、化肥、生长调节剂、饲料添加剂等物质，遵循自然规律和生态学原理，协调种植业和养殖业的平衡，采用一系列可持续发展的农业技术以维持持续稳定的农业生产体系的一种农业生产方式。

“有机农业”一词最早出现在 Lord Northbourne 的著作 *Look to the Land* 中。然而事实上，有机农业就是最古老的农业形式。在第二次世界大战结束之前，农民们没有从石油中提炼出化学制剂（合成的肥料与杀虫剂），因此别无选择。后来人们发现战争期间发明出来的技术对农业生产颇有帮助。例如，被作为炸药使用的化学药品硝酸铵摇身一变，作为肥料派上了用场，而被用作神经毒气的有机磷化合物后来被用作杀虫剂。

新增定义

近来，农民们正在转而回归有机农业，但是今天的有机农业采用了注重生态的系统方法，包括长期规划、详细跟踪记录以及对设备和辅助设施的大笔投资。尽管这一产业规模还是很小，但是从事有机农业的美国农民数量正在以每年约12%的速度增长。

2. 有机农业的产生与发展

20 世纪 70 年代以来，越来越多的人注意到，现代常规农业在给人类带来高度的劳动生产率和丰富的物质产品的同时，由于大量使用化肥、农药等农用化学品，使环境和食品受到不同程度的污染，自然生态系统遭到破坏，土地生产能力持续下降。为探索农业发展的新途径，各种形式的替代农业的概念和措施应运而生。虽然名称不同，但其目的都是为了保护生态环境，合理利用资源，实现农业生态系统的持久发展，有机农业是其中的一个代表。

探索有机农业

有机农业的起源要追溯到 1909 年，美国人 King 途经日本到中国，他考察了中国农业数千年兴盛不衰的经验，并于 1911 年写成了《四千年的农民》一书。书中指出：中国传统农业长盛不衰的秘密在于中国农民的勤劳、智慧和节俭，善于利用时间和空间提高土地的利用率，并以人、畜类便和农作物秸秆堆积沤制成肥料、塘泥等还田培养地力。该书对英国植物病理学家 AlbertHoward 影响很大，于 20 世纪 30 年代初在《农业圣典》一书中提出了有机农业的思想。受 AlbertHoward 的影响，Rodale 创办了有机农场，从事有机园艺的研究工作，有机农业的实践就从那时开始的。有机农业的思想在经历了近半个世纪的漫长实践，直到 20 世纪 80 年代，一些发达国家的政府才开始重视有机农业，并鼓励农民从常规农业生产向有机农业生产转换，有机农业的概念开始被广泛地接受。有机农业从产生到快速发展与现代农业对环境和人类的影响分不开。

有机农业生产方式已在 100 多个国家得到了推广，有机农业的面积和种植者数目

逐年增加。全世界进行有机农业管理的土地面积已超过2200万公顷。此外被各种认证机构认证为“野生收获植物”的面积有1070万公顷。有机产品市场不但在欧洲和北美洲（全球最大的有机市场）拓展，在其他一些国家包括发展中国家也持续扩大。

中国有机农业起步于上个世纪90年代。目前，中国有机产品以植物类产品为主，动物类产品缺乏，野生采集产品增长较快。植物类产品中，茶叶、豆类和粮食作物比例很大；有机茶、有机大豆和有机大米等已经成为中国有机产品的主要出口品种。而作为日常消费量很大的果蔬类有机产品的发展则跟不上国内外的需求。2003年后，随着《认证认可条例》的颁布实施，有机食品认证工作划归认监委统一管理，有机认证实行市场化运作，截至2014年，全国从事有机产品认证的认证机构约有25家。

中国有机食品有较大的发展空间，在国内市场发展潜力更大。目前，全球有机食品市场正在以年均20%～30%的速度增长。中国境内有机食品销售仅占食品销售总额的0.02%，与发达国家有机食品国内消费总额的2%相比，相差达100倍。随着城乡人民收入的增长和生活水平的不断提高，人们更加关注自己的生活质量和身心健康，十分渴望能得到纯天然、无污染的优质食品，发展有机农业、生产开发有机农产品和食品正可满足这一要求。可见，我国有机农产品有着广阔的国内外市场。

3. 有机农业与普通农业对比

有机农业与普通农业相比较，有以下特点：

（1）可向社会提供无污染、好口味、食用安全环保的食品，有利于人民身体健康，减少疾病发生。

化肥农药的大量使用，在大幅度提高农产品产量的同时，不可避免地对农产品造成污染，给人类生存和生活留下隐患。有机农业不使用化肥、化学农药，以及其他可能会造成污染的工业废弃物、城市垃圾等，因此其产品食用非常安全，且品质好，有力保障了人体健康。

（2）可以减轻环境污染，有利恢复生态平衡。

目前化肥农药的利用率很低，一般氮肥只有20%～40%，农药在作物上附着率不超过10%～30%，其余大量流入环境造成污染。如化肥大量进入江湖中造成水体富营养化，会影响鱼类生存。农药在杀病菌害虫的同时，增加了病虫的抗性，杀死了有益生物及一些中性生物，结果引起病虫再猖獗，使农药用量愈来愈大，施用的次数愈来愈多，进入恶性循环。改用有机农业生产方式，可以减轻污染，有利于恢复生态平衡。

（3）有利提高我国农产品在国际上的竞争力，增加外汇收入。

随着我国加入世贸组织，农产品进行国际贸易受关税调控的作用愈来愈小，但对农产品的生产环境、种植方式和内在质量控制愈来愈大（即所谓非关税贸易壁垒），只有高质量的产品才可能打破壁垒。有机农业产品是一种国际公认的高品质、无污染环保产品，因此发展有机农业，有利于提高我国农产品在国际市场上的竞争力，增加外汇收入。

（4）有利于增加农村就业、农民收入，提高农业生产水平。

有机农业是种劳动知识密集型产业，是项系统工程，需要大量的劳动力投入，也需要大量的知识技术投入，还需要有全新的观念。有机农业食品在国际市场上的价格通常比普通产品高出20%～50%，有的高出一倍以上。因此发展有机农业可以增加农村就业，增加农民收入，提高农业生产水平，促进农村可持续发展。

二、循环经济

1. 循环经济的内涵与定义

循环经济的思想萌芽诞生于20世纪60年代的美国。“循环经济”这一术语在中国出现于20世纪90年代中期，学术界在研究过程中已从资源综合利用的角度、环境保护的角度、技术范式的角度、经济形态和增长方式的角度、广义和狭义的角度等不同角度对其做出了多种界定。当前，社会上普遍推行的是中华人民共和国国家发展和改革委员会对循环经济的定义：“循环经济是一种以资源的高效利用和循环利用为核心，以‘减量化、再利用、资源化’为原则，以低消耗、低排放、高效率为基本特征，符合可持续发展理念的经济增长模式，是对‘大量生产、大量消费、大量废弃’的传统增长模式的根本变革。”这一定义不仅指出了循环经济的核心、原则、特征，也指出了循环经济是符合可持续发展理念的经济增长模式，抓住了当前中国资源相对短缺而又大量消耗的症结，对解决中国资源对经济发展的瓶颈制约具有迫切的现实意义。

2. 循环经济的基本原则

“3R原则”是循环经济活动的行为准则，所谓“3R原则”，即减量化（reduce）原则、再使用（reuse）原则和再循环（recycle）原则。

减量化（reduce）原则

要求用尽可能少的原料和能源来完成既定的生产目标和消费目的。这就能在源头上减少资源和能源的消耗，大大改善环境污染状况。例如，我们使产品小型化和轻型化；使包装简单实用而不是豪华浪费；使生产和消费的过程中，废弃物排放量最少。

再使用（reuse）原则

要求生产的产品和包装物能够被反复使用。生产者在产品设计和生产中，应摒弃一次性使用而追求利润的思维，尽可能使产品经久耐用和反复使用。

再循环（recycle）原则

要求产品在完成使用功能后能重新变成可以利用的资源，同时要求生产过程中所产生的边角料、中间物料和其他一些物料能返回生产过程中或是另外加以利用。

3. 循环经济与传统经济的区别

传统经济是一种由“资源—产品—污染排放”所构成的物质单向流动的经济。在这种经济中，人们以越来越高的强度把地球上的物质和能源开发出来，在生产加工和消费过程中又把污染和废物大量地排放到环境中去，对资源的利用常常是粗放的和一次性的，通过把资源持续不断地变成废物来实现经济的数量型增长，导致了许多自然资源的短缺与枯竭，并酿成了灾难性环境污染后果。与此不同，循环经济倡导的是一种建立在物质不断循环利用基础上的经济发展模式，它要求把经济活动按照自然生态系统的模式，组织成一个“资源—产品—再生资源”的物质反复循环流动的过程，使得整个经济系统以及生产和消费的过程基本上不产生或者只产生很少的废弃物，只有放错了地方的资源，而没有真正的废弃物，其特征是自然资源的低投入、高利用和废弃物的低排放，从而根本上消解长期以来环境与发展之间的尖锐冲突。

10.3.4 任务总结

循环经济

“三农”问题一直是困扰农村工作的主要问题，而其核心又是农民收入问题。如何增加农民收入，是解决“三农”问题的关键。发展农业循环经济，可通过立体种植，强化物质循环和能量转化，通过废弃物的资源化利用和利用生物之间相生相克的原理，减少废弃物的排放和化学物质的输入，从而提高农业资源的利用率，降低生产成本，提高农业经济效益，有利于农业可持续发展。实施循环型农业所产生的绿色农产品价格更高，在市场上畅销，可以增加农民收入，提高农民的生产积极性。另外，我国城乡收入差距悬殊的主要原因是农业劳动生产率低，农业承担了大量的剩余劳动力，发展农业循环经济在一定程度上可以解决农村就业问题。

10.3.5 相关知识

7个国外实例，做有机农业，没那么难！（节选）

有机生活在很多人看来只是一个简单的概念，却体现出生活中的4个重要关键词：“健康”“幸福”“安全”“环保”。

生产有机食品的有机农场需要投入大量的时间、资源和财力，确保有机食品拥有适当的自然环境。今天就带你了解一下世界各国是如何享受有机生活的。

意大利：有机葡萄最负盛名

钟情葡萄酒的欧洲人深知，葡萄酒的好坏，除了酿造方法讲究外，葡萄的品质也很重要。

根据2018年意大利有机农业数据系统Sinab发布的报告显示，意大利有机葡萄园的面积约为7.08万公顷，拥有全欧洲最大的有机葡萄园种植面积。在种植的过程中，为了避免使用化学杀虫剂，有机葡萄园会引入一些益虫或者植物来驱赶害虫。

为了保证有机产品的质量，反对假冒有机产品，意大利有机食品联盟（Federbio）主席Carnemolla和意大利农场主协会（Coldiretti）主席Prandini签署了主题为“Salva—bio拯救有机”的协议，目的是对有机种植认证系统进行改革，以保证产业链的透明度，防止掺假。

英国：查尔斯王子只想安安静静做个有机农夫

1981年，查尔斯王子在科兹窝区（Cotswolds），这个被称为英国最美的小镇买下一座带庄园的房子——海格洛夫庄园，用做他和黛安娜的结婚新房。尽管庄园的女主人先后易主，但是王子对这片土地倾注的有机热情从未改变。

查尔斯毛子在《有机庄园要素》中写道：“我只能说，出于某些原因，我感到如果不善待自然，无法保持一种平衡的话，它也会以相同的方式回报你的。”

每年，查尔斯王子都会在自己的农场上展露一下他的环保新动向。比如他的有机厨房。他厨房内的所有食材，都是有机农场中种植出来的，无所不有。

王子甚至还兴致勃勃地写了一本有机食谱。查尔斯土子还给自己的特色菜取了名字：王子鸡翅、女王烧烤、卡米拉通心粉……

土耳其：立志做有机产品出口大国

在土耳其，有超过1万个农场主从事有机农业。不仅如此，土耳其的有机农场都按照出口国的标准来进行生产认证。这都让土耳其的有机食品在国际上建立了良好的形象。

如今，土耳其人也越来越关注健康，挑选食品时也更倾向于选择既健康又鲜美的有机产品，因此有机农产品的生产也日益增长。为了得到国际市场的承认，土耳其的有机农场都按照出口国的标准来进行生产认证。

为了获得稳定的客源，土耳其的出口商严格按照出口国的法律和市场法规、市场要求办事。这都让土耳其的有机食品在国际上建立了良好的形象。

参考自：农业行业观察

10.3.6　任务拓展训练

有机农业、循环经济对我国的社会发展有什么意义？你了解哪些有机农业的具体实例或循环经济的具体形式？选择其一展开描述，并开展相关主题班会分享所得。

项目小结

农业是国民经济中的重要生产部门，是国民经济的基础，我国人口所用粮食、肉类、蔬菜、水果等食物和纺织用纤维等，除少数年份为调剂品种而有进口外，都来自本国农业，可见农业在我国的国内发展和国际竞争力方面都发挥着不可忽视的作用。我们在了解农业知识和常见技能的同时，应结合“可持续发展”“有机农业”等现代知识，充分重视现代农业，深入明确农业在我国的重要地位。

拓展提高

从下面的任务中选择一项完成拓展任务：

1. 选择中国古代的某一时期作为对比，谈谈我国从古至今的农业发展。

2. 选择一个其他国家的农业作为对比，谈谈那个国家的当代农业与我国有何不同？这种不同是怎样造成的？

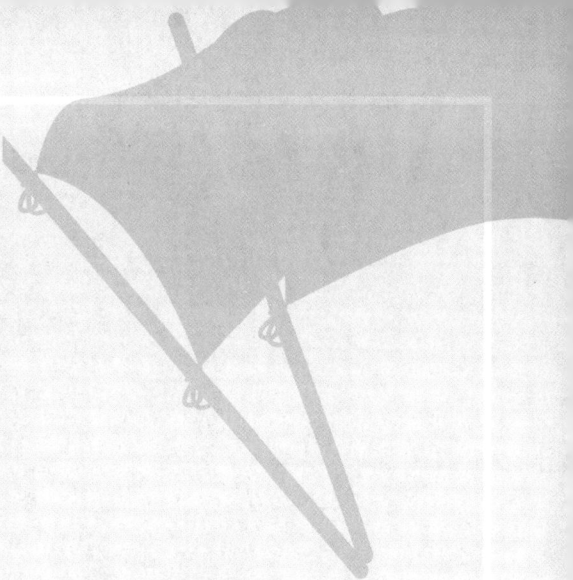

项目十一

开展工业劳动实践

项目导言

工业（industry）主要是指原料采集与产品加工制造的产业或工程。工业是社会分工发展的产物，经过手工业、机器大工业、现代工业几个发展阶段。

工业是第二产业的重要组成部分，主要分为轻工业和重工业两大类。2014 年，中国工业生产总值达 4 万亿美元，超过美国成为世界头号工业生产国。

项目描述

创新是一个民族进步的灵魂，是国家兴旺发达的不竭动力。工业科技发展日新月异，要通过平时的训练来提升学生的创新能力，了解关于工业的基本知识，理解工业发展对我国的重要性。某中职院校开展了一项劳动科技创新大赛，现准备撰写宣传稿，要选择一位对我国工业发展较为了解的学生来完成，你觉得自己可以胜任吗？

教学目标

知识目标：了解关于工业的基本知识

能力目标：理解工业发展对我国的重要性

情感目标：对我国当代工业发展抱有自豪感

教学任务

任务一　了解中国近代工业发展历程

任务二　中国工业的组成部分

任务三　培养科技创新

建议学时

2 课时

任务一　了解中国近代工业发展历程

11.1.1　任务描述

中国近代工业是指在1840～1949年间，在中国设立的使用机器和机械动力生产的制造工业，中国近代工业主要的特征是短暂、快速、发展迅猛。

近代工业的发展虽然取得了很大成绩，也基本把中国推进了近代社会的大门，但由于这个进程不是中国近代因素不断积累的结果，而是在西方资本主义冲击下的一种迫不得已的选择，因此它一开始就呈现出了有违近代工业发展一般规律的畸形特征。

11.1.2　任务分析

搜集中国近代工业发展的历史资料，通过学习，分析造成中国近代轻重工业发展不平衡、地区分布不平衡的原因。

工业文明与环境

11.1.3　任务实施

甲午战争后，民族矛盾日趋激化，“抵制日货，设厂自救”的呼声遍及全国。1895～1913年，中国近代民族工业进入初步发展时期，并且在1896～1898年和1905～1908年出现了两次投资工业的热潮。在民族工业稍见发展的时节，外资在华工业凭借特权有了更为迅速的增长。据统计，这一时期，外国在华设立的资本在10万元以上的工厂共达104家（其中以外国资本为主的中外合办的有18家），资本金额约4952万元，为甲午战争前50年间投资总额的5倍以上。所以，在这段时间里，与外国在华工业投资激增速度相比较，本国工业仍处于劣势地位。

1914年，第一次世界大战爆发。战争的主要参战国英、德、法等帝国主义国家转入战时经济，放松了对远东市场的追逐。中国民族工业遂获得一个难得的发展时机。

这一时期，日本加强了对华经济侵略。它利用中国的廉价劳动力和原料、燃料，在上海、天津、汉口、青岛等地设立纺织厂。外国侵略的加剧激起了1915年反对日本提出灭亡中国的“二十一条”的群众抗议运动和1919年的五四运动。这些爱国运动也推动了民族工业的发展。

第一次世界大战结束，西方列强卷土重来，中国民族工业再一次遭到外国势力的挤压。战时发展迅速的棉纺织业这时出现了引人注目的变化。一方面，在相当多的中、小型棉纺织厂亏累搁浅的同时，若干大的民族资本纺织集团开始形成；而另一方面，这些民族资本纺织集团又在不同程度上受到了外国垄断资本的渗透和侵蚀，呈现了半殖民地中国工业活动中资本集中的复杂局面。

值得指出的是，1925 年由民族危机引发的“五卅”运动和 1928 年“五三”抵货运动，也曾给这一时期的民族工业如纺织、面粉、卷烟等的发展以有力的推动。据估计，1920～1928 年，新投入的工业资本在 3 亿元左右。

中国工业的发展到 20 世纪 30 年代遇到了市场危机的威胁。国民党发动的反人民内战削弱了广大人民的消费能力；东北广大市场和资源被日本侵略者霸占；西方列强为了转嫁经济危机，跌价倾销商品；连同日本在华北的严重走私，等等，造成国内市场购买力锐减，出现了物价下跌而销售迟滞的景象，迫使工厂停工减产。1933 年，棉纱价格跌落之巨前所未见，全国纱厂亏多盈少；同年，上海面粉价格狂落，存货堆积，使部分工厂停工。这种景况一直持续到 1935 年。1936 年，由于国民党政府的法币政策、通货贬值的刺激，物价转升，市场购销情况有所改善，工业生产开始上升。可是 1937 年 7 月，日本帝国主义发动了全面侵华战争，沿海、沿江等受战火波及地区，工业设施迅速遭到严重破坏。仅上海一地，据当时上海社会局调查：受损害的工厂约 2000 余家，损失总额在 8 亿元左右。中国民族工业遂因战争的破坏而中落。

1937 年抗日战争全面展开后，战区工厂内迁，连同大后方新设工厂，比较偏僻的西南地区逐渐成为民族资本工业的阵地，重庆成了后方工业中心。其他如四川的成都、万县、泸州、宜宾，云南的昆明，贵州的贵阳，广西的桂林、柳州，湖南的衡阳、祁阳、芷江、沅陵，陕西的西安、宝鸡，甘肃的兰州等城市都陆续发展成为后方的新工业区。就资本状况看，当时以四川和云南的私营工厂规模较大，而湖南、广西的工厂规模较小，总的说来都较战前弱。但由于国民党政府推行错误政策，使一度兴起的后方工业，到 1943 年便陷于停工关厂的困难境地，其后几年中艰难竭蹶的情景更见严重。

抗日战争时期，表现在中国经济上的一个突出现象，是官僚资本的形成和膨胀。国民党统治集团凭借国家政权，巧取豪夺，特别是在抗战时期，利用战时经济统制，借用“公营”名义，控制工业企业。在这种情况下，民营工业处于受压制和被排挤的地位。在半殖民地半封建的中国，官僚资本主义是一种腐朽的生产关系，它投靠帝国主义，严重地压制国内生产力的发展。中国民族工业在帝国主义和官僚资本主义的压迫下，处于十分艰难的境地。

11.1.4 任务总结

近代中国缺乏资本的原始积累，也缺乏近代化的投资方式，没有雄厚的经济基础，民族工业只能从投资少、周期短、见效快的轻工业开始。由于沿海大城市是外国资本主义入侵较早的地区，封建自然经济最早解体；再者通商口岸便于出口和运输，易于取得外国原料和技术设备，故早期民族工业主要集中在沿海大城市。由于民族工业诞生之日便受到双重压迫，发展艰难，矛盾是必然的。但资金少、规模小、技术力量薄弱又使得民族工业对它们产生依赖性。民族资本主义的初步发展，不仅为中国民主革命的发展奠定了新的阶级基础，也为 19 世纪末 20 世纪初资产阶级改良和革命提供了重要的经济前提和内在动力，加速了封建生产关系和政治制度的瓦解和崩溃，使中国的近代化由器物层面开始推进到制度层面。

11.1.5　相关知识

中国近代工业的起点，是从这里开始的！

1868 年 9 月 15 日，上海高昌庙，一艘长 62 m，宽 10 m 的木质轮船正在举行它的下水仪式。这时，黄浦江畔早已是人山人海，闻讯而来的上海市民正翘首以待，等待着一个历史时刻的到来。

随着这艘轮船滑入黄浦江，“嘭”的一声，江面上溅起了巨大水花，轮船成功下水，顿时，雷鸣般的欢呼声和掌声响彻黄浦江畔。

中国第一艘自行设计建造的机器动力兵船

伴随着一声低沉而有力的汽笛声，轮船顺着黄浦江向吴淞口方向开启了第一次航行。听到这儿，您或许要问了，这是艘什么船，为什么它的下水试航能引发这么大的轰动呢？

这艘轮船是中国第一艘自行设计建造的机器动力兵船。建造这艘船的，正是当时闻名全国的江南机器制造总局。

江南机器制造总局老照片

江南机器制造总局是中国近代工业的起点，也是有着“中国第一厂”之称的江南造船厂的前身。在这里曾经创造了中国近代工业史上许多个第一：第一台机床、第一支步枪、第一门钢炮，第一艘军舰，冶炼出了中国的第一炉钢，揭开了中国工业化的先声。中国第一台万吨水压机、第一艘国产万吨轮“东风”号、第一艘潜艇、第一艘护卫舰、第一代航天测量船、新型导弹驱逐舰，均在这里诞生。

新世纪的江南造船厂

江南造船厂不仅是中国百年工业的缩影，更是中国近现代史的重要见证者。从诞生之时起，它不仅承载了一个民族的富国强兵之梦，也开始扭转国人由内控天下到外向海洋的世界观。

参考自：搜狐—大揭秘

11.1.6 任务拓展训练

采访你的父母或其他长辈，了解过去几十年间工业的发展，包括社会总体的工业发展以及对日常生活的影响，对比一下，你身边有哪些工业制品是你父母年轻时没有的。记录下来并相互分享所得。

任务二　中国工业的组成部分

11.2.1 任务描述

工业一直被称为国民经济的主导产业。中国的工业主要以基础工业部门为主。包括能源工业、钢铁工业、机械工业等。

11.2.2　任务分析

通过任务设置，搜集中国工业的信息材料，了解中国工业的组成部分，并对工业产业升级提出合理化建议。

11.2.3　任务实施

能源工业

主要包括煤炭、石油与天然气和电力三个部门。由于这三者的开发与生产条件、生产工艺和运输条件均不同，故生产布局各具特点。煤炭资源的数量、质量、品种和开发条件、分布状况，决定其开发规模和增长效益，制约着煤炭工业发展的可能性和在地区及全国的地位。一个煤田是否能开发或优先布局，除资源条件外，经济地理位置也有重要影响。地理位置优越，如煤田靠近能源消费中心，拥有大规模建设的交通运输条件，靠近能源产销最佳区位和易于获得必要的技术经济支援，常得到优先开发。石油工业主要包括采油、采气和油气炼制。石油与天然气的开发与布局取决于油气资源蕴藏量与赋存条件，油田的地理位置，对油气田的开发先后有重要影响。若油气田交通位置好，又靠近经济发达地区，其开发价值更大。相反，开发那些边远地区、交通不便的油气田，困难很大。炼油工业布局既受资源条件影响，又受市场吸引。因石油产品品种复杂，对运输条件要求较高，故运成品油不如运原油经济。随着炼油工业日益发展成为石油化工联合企业，炼油工业多趋向于在消费区设厂。电力工业主要包括火电、水电和核电。火电厂布局首先要考虑燃料来源和负荷位置，水源也是很重要的条件。水电站布局受水力资源制约，其建设与河流综合开发利用密切相关。核电站使用的核燃料数量很少，其布局不受资源条件限制，但受水源条件影响较大，宜布局在靠近充足水源，又远离稠密居民点的消费地。

中国是世界最大产煤国。煤炭在中国经济社会发展中占有极重要的地位，全国70%的工业燃料和动力、80%的民用商品能源、60%的化工原料都是由煤炭提供的。原煤产量达1087.4 Mt，其中统配煤矿占44.2%，地方国营煤矿占18.7%，乡镇和个体煤矿占36.7%。年产10 Mt以上的大型矿区有山西大同、西山、阳泉、晋城，河北开滦、峰峰，河南平顶山、义马，黑龙江鹤岗、鸡西、双鸭山，安徽淮北，江苏徐州，辽宁阜新、铁法，山东兖州。

中国是世界上最早发现和利用石油的国家之一。它是燃料工业之一。从勘探、开采到加工石油一系列过程均由石油部门完成，中国的石油工业主要分布于中国北方居多。

电力工业是将煤炭、石油、天然气、核燃料、水能、海洋能、风能、太阳能、生物质能等一次能源经发电设施转换成电能，再通过输电、变电与配电系统供给用户作为能源的工业部门电能的生产过程和消费过程是同时进行的，既不能中断，又不能储存，需要统一调度和分配。电力工业为工业和国民经济其他部门提供基本动力，随后在条件具备的地区建设了一批大、中型水电站，是国民经济发展的先行部门。电力工业主要包括5个生产环节。①发电，包括火力发电、水力发电、核能和其他能源发电；例如，中国火电主要集中分布在中国北方产煤区，以利用煤炭为主。水电主要集中分布于南方水能丰富的河源区。核电分布还不是很典型。②输电，包括交流输电和直流输电。例如，中国最大的输电工程有西电东送工程等。③变电。④配电。⑤用电，包括用电设备的安装、使用和用电负荷的控制，以及将这5个环节所存在的设备连接起来的电力系统，此外，还包括规划、勘测设计和施工等电力基本建设，电力科学技术研究和电力机械设备制造。

钢铁工业

钢铁工业亦称黑色冶金工业。钢铁工业是重要的基础工业部门，是发展国民经济与国防建设的物质基础。冶金工业的水平也是衡量一个国家工业化的标志。

钢铁工业是庞大的重工业部门。它的原料、燃料及辅助材料资源状况，影响着钢铁工业规模、产品质量、经济效益和布局方向。

铁矿石是钢铁工业的主要原料。内蒙古的白云鄂博，蒙古语意是富饶的圣山。白云鄂博是一座巨大的多金属共生矿床。铁矿石、稀土和稀有金属的储量都极为丰富。铁矿含铁33%，同时伴生有稀土13%、钒0.2%、萤石16.5%。其稀土矿的总储量比世界上其他各国的总和还要多。

川西一攀枝花地区。攀西成矿带已探明有工业储量的矿产47种，产地207个，其中钒钛磁铁矿达98.86亿吨，占全国铁矿储量的20%，钒、钛储量也非常丰富。雅砻江、金沙江流经攀枝花，因此攀西成为水能资源和矿产资源结合在一起的一块宝地。

新疆地区铁矿以储量丰富分布广、类型齐全富矿多为特点。现已探明一批大、中型矿产地。如哈密市发现的大型富铁矿群——磁海铁矿，含铁品位为40%～65%。在它的附近有六个中型矿。又如式台布台富铁矿、莫托沙拉锰铁富矿床，大多含铁达56%。

云南省内铁矿资源较丰富，全省储量达12.8亿吨。富矿占1/4强，现有产地71处，已建矿山13处。如大红山铁矿是伴有金、铱、钴等多种金属的大型富矿。

其他矿区如贵州水城观音山、赫章铁矿山、独山平黄山、宁夏的石嘴山、广西的灵川和环江等都有相当的铁矿资源。

焦炭是钢铁工业的燃料。炼焦煤资源主要分布在：内蒙古西部乌达和海勃湾地带、中部准格尔大煤田，所生产的焦煤主要供应包头钢铁厂；贵州的六盘水煤矿，是全国重点焦炭基地之一，所生产焦炭除主要供应攀枝花钢铁厂外，还供应西南和两广地区钢铁企业；宁夏石炭井所生产的焦炭主要供应包钢和首钢等；另外在新疆、云南也有相当数量的焦煤生产。民族地区焦炭煤很丰富，在数量上完全可以满足本地区钢铁工业的需要；在分布上也体现出相对地集中，北方内蒙古、宁夏、新疆的焦炭确保包钢；南方六盘水的焦炭供应攀钢、柳钢等。

钢铁工业辅助原料资源。钢铁工业除需要大量铁矿石、焦炭为主要原料外，尚需锰矿、石灰石、白云石、萤石、硅石及耐火材料等辅助材料。

锰矿称为黑色金属资源，它是铁合金原料，它能增加钢铁的硬度、延展性、韧性和抗磨能力，同时还是高炉的脱氧脱硫剂。中国锰矿储量达4亿吨左右，居世界第四位。广西锰矿总储量占全国1/3强，遍布全区34个县市，其中以桂平、钦县最为集中，年产量占全国50%左右。贵州锰矿也有相当储量，集中于遵义市郊。

熔剂石灰石、白云石以及萤石、硅石等，储量大，分布广。相对集中于中南地区，其中硅石则以西北地区为最多。

机械工业

机械工业素有“工业的心脏”之称。它是其他经济部门的生产手段，也可说是一切经济部门发展的基础。它的发展水平是衡量一个国家工业化程度的重要标志。

1949年之前，中国的机械工业大部分是一些规模小、设备简陋、生产能力低的机器装配、修理与零件制造业，在整个国民经济中占的比例甚小，而且绝大部分又集中沿海地带的大城市和内陆的太原、重庆、武汉等少数几个城市。民族地区则仅有一些简陋的修理业。

随着国家机械工业的迅速发展，机械工业也得到较快地发展。从制造一般机电产品到制造大型复杂的精密设备，甚至已达到生产电子产品，并在各省区已形成了一个门类比较齐全、布局日趋合理、具有一定规模和技术水平的现代化机械工业系统。出现了一批如交通运输设备制造、电气机械和器材制造、仪器仪表及计量器具制造等门类的机械工业基地，主要集中在呼和浩特、银川、乌鲁木齐、昆明、贵阳、南宁、柳州、梧州等市。但仍不能满足其经济日益发展的需要。主要问题是：虽然发展较快，但基础差，生产水平较低，设备陈旧消耗高，经济效益差，交通不便，信息不灵，应变能力差，管理落后，产品单一，缺乏竞争力等。所以，各省区在“调整、改革、整顿、提高”的方针指引下，以经济效益为中心，狠抓机械工业的高速和改革、技术改造、产品更新，使机械工业得到更加协调、健康的发展。

高新工业

高新技术园区规划，指的是高新技术产业以高新技术为基础，产品的主导技术必须属于所确定的高技术领域，而且必须包括高技术领域中处于技术前沿的工艺或技术突破。根据这一标准，高新技术产业主要包括信息技术、生物技术、新材料技术三大领域。从20世纪50年代起步以来，对促进科技成果的转化，培育创新型的高科技企业和企业家，孕育新的技术革命和新兴产业，推进新经济的发展进程发挥了根本性的推动作用，成为一个国家和地区实现高新技术产业化、促进经济增长和社会持续发展的有效方式和重要手段。

中国高新技术产业开发区是以智力密集和开放环境条件为依托，主要依靠国内的科技和经济实力，充分吸收和借鉴国外先进科技资源、资金和管理手段，通过实施高新技术产业的优惠政策和各项改革措施，实现软硬环境的局部优化，最大限度地把科技成果转化为现实生产力而建立起来的集中区域。

建设高新技术产业开发区，是中国经济和科技体制改革的重要成果，是符合中国国情的发展高新技术产业的有效途径。现阶段要进一步依靠体制创新和科技创新，强化功能建设，营造吸引优秀科技人员和经营管理者创新创业的良好环境，成为科技创新和产业化发展的重要基地，在区域经济发展中发挥辐射和带动作用。

高新技术产业按照技术领域分为以下技术领域：

一、电子信息技术

技术包括：软件技术、微电子技术、计算机及网络技术、通信技术、广播电视技术、新型电子元器件、信息安全技术、智能交通技术。

二、生物与新医药技术

技术包括：医药生物技术 ；中药、天然药物；化学药物；新剂型及制剂技术；医疗仪器技术、设备与医学专用软件；轻工和化工生物技术。

三、航空航天技术

技术包括：民用飞机技术；空中管制系统；新一代民用航空运行保障系统；卫星通信应用系统；卫星导航应用服务系统。

四、新材料技术

技术包括：金属材料；无机非金属材料；高分子材料；生物医用材料；精细化学品。

五、高技术服务业

技术包括：共性技术；现代物流；集成电路；业务流程外包（BPO）；文化创意产业支撑技术；公共服务；技术咨询服务；精密复杂模具设计；生物医药技术；工业设计。

六、新能源及节能技术

技术包括：可再生清洁能源技术；风能；生物质能；地热能利用；核能及氢能；新型高效能量转换与储存技术；高效节能技术。

11.2.4 任务总结

尽管目前存在一系列严峻挑战，只要中国能够坚定不移地沿着自己的发展战略和工业化顺序完成产业升级，维持政治稳定、国家安全和社会安宁，那些问题只不过是“成长的烦恼”，完全构不成像非洲、拉美、东南亚和中东很多发展中国家所陷入的贫穷和中等收入陷阱那样的结构性顽疾和威胁。

11.2.5 相关知识

15 款常用手动工具的用途及使用方法

众所周知，手动工具是日常生活和生产中必不可少的五金产品，对于人们生活和社会生产有着举足轻重的作用。那么，你知道各类手动工具的用途吗，我们应该如何正确使用呢？

1. 螺丝刀：一种用来拧转螺丝钉以迫使其就位的工具，通常有一个薄楔形头，可插入螺丝钉头的槽缝或凹口内。

2. 扳手：利用杠杆原理拧转螺栓、螺钉、螺母和其他螺纹紧固的手工工具。扳手通常在柄部的一端或两端制有夹持螺栓或螺母的开口或套孔。使用时沿螺纹旋转方向在柄部施加外力，就能拧转螺栓或螺母。

3. 锤子：是敲打物体使其移动或变形的工具。最常用来敲钉子，矫正或是将物件敲开。锤子有着各式各样的形式，常见的形式是一柄把手以及顶部。顶部的一面是平坦的以便敲击，另一面则是锤头。锤头的形状可以像羊角，也可以是楔形，其功能为拉出钉子。

4. 试电笔：也叫测电笔，简称“电笔”。是一种电工工具，用来测试电线中是否带电。笔体中有一氖泡，测试时如果氖泡发光，说明导线有电，或者为通路的火线。试电笔中笔尖、笔尾为金属材料制成，笔杆为绝缘材料制成。使用试电笔时，一定要用手触及试电笔尾端的金属部分，否则，因带电体、试电笔、人体与大地没有形成回路，试电笔中的氖泡不会发光，易造成误判，认为带电体不带电。

5. 卷尺：卷尺是日常生活中常用的工量具。大家经常看到的是钢卷尺，建筑和装修常用，也是家庭必备工具之一。另外卷尺还包括纤维卷尺、皮尺、腰围尺等。鲁班尺、风水尺、文公尺属于钢卷尺。

6. 壁纸刀：刀的一种，刀片锋利，用来裁壁纸之类的东西，故名“壁纸刀”，也称“美工刀”。装修、装饰、广告牌匾行业经常用到。

7. 电工刀：电工刀是电工常用的一种切削工具。普通的电工刀由刀片、刀刃、刀把、刀挂等构成。不用时，把刀片收缩到刀把内。刀片根部与刀柄相铰接，其上带有刻度线及刻度标识，前端有螺丝刀刀头，两面加工有锉刀面区域，刀刃上具有一段内凹形弯刀口，弯刀口末端形成刀口尖，刀柄上设有防止刀片退弹的保护钮。电工刀的刀片有多项功能，使用时只需一把电工刀便可完成连接导线的各项操作，无需携带其他工具，具有结构简单、使用方便、功能多样等特点。

8. 钢锯：包括手锯（家庭用、木工）、截锯（树枝修剪）、折叠锯（树枝修剪）、手用弓锯、镶边锯（木工）、纵切锯（木工）、横截锯（木工）。

9. 水平尺：水平尺带有水平泡，可用于检验、测理，调试设备是否安装水平。

10. 锉刀：表面上有许多细密刀齿、条形，用于锉光工件的手工工具。用于对金属、木料、皮革等表层做微量加工。

11. 钳子：是一种用于夹持、固定加工工件或者扭转、弯曲、剪断金属丝线的手工工具。钳子的外形呈 V 形，通常包括手柄、钳腮和钳嘴三个部分。

12. 钢丝钳：钢丝钳是一种夹钳和剪切工具，由钳头和钳柄组成，钳头包括钳口、齿口、刀口和铡口。钳子的各部位的作用是：①齿口可用来紧固或拧松螺母；②刀口可用来剖切软电线的橡皮或塑料绝缘层，也可用来剪切电线、铁丝；③铡口可以用来切断电线、钢丝等较硬的金属线；④钳子的绝缘塑料管耐压 500 V 以上，有了它可以带电剪切电线。

13. 尖嘴钳：又叫修口钳，主要用来剪切线径较细的单股与多股线，以及给单股尖嘴钳导线接头弯圈、剥塑料绝缘层等，它也是电工（尤其是内线电工）常用的工具之一。它是由尖头、刀口和钳柄组成的。电工用尖嘴钳的钳柄上套有额定电压 500 V 的绝缘套管。

14. 剥线钳：剥线钳为内线电工，电动机修理、仪器仪表电工常用的工具之一。它是由刀口、压线口和钳柄组成的。剥线钳的钳柄上套有额定工作电压 500 V 的绝缘套管。剥线钳适用于塑料、橡胶绝缘电线、电缆芯线的剥皮。

15. 万用表：由表头、测量电路及转换开关等三个主要部分组成，用于测量电流、电压等。

11.2.6 任务拓展训练

三款工具的实用小技巧

选择一个你所熟知的当代工业品牌，说说它属于本课所学的哪个工业领域？具体调查该工业品牌的发展历程，写写它在近年经历了哪些关键的发展期。开展讨论会相互分享所得。

任务三　培养科技创新

11.3.1 任务描述

进入 21 世纪以来，全球科技创新进入空前密集活跃的时期，新一轮科技革命和产业变革正在重构全球创新版图、重塑全球经济结构。习近平总书记在两院院士大会强调，“科学技术从来没有像今天这样深刻影响着国家前途命运，从来没有像今天这样深刻影响着人民生活福祉”。我们必须充分认识到科技创新的重要性，全面理解其在新时代下对于国家、企业和人民的深远意义。

11.3.2 任务分析

创新是世界进步的动力，人类才能的体现，国家和社会发展的源泉和动力。进入 21 世纪以来，科技创新能力已经越来越成为综合国力竞争的决定性因素，通过考察调研，探索 5G 时代企业如何寻求企业转型，对科技创新方面有什么政策支持。

11.3.3　任务实施

一、科技创新的含义

科技创新是指工业企业用于科技创新和技术开发方面的具体活动。包括用于企业研究与发展课题活动的直接支出，以及间接用于研究与发展活动的一切支出。

谈科技创新首先要了解什么是创新，创新是指：以现有的知识和物质，在特定的环境中，改进或创造新的事物（包括但不限于各种方法、元素、路径、环境等），并能获得一定有益效果的行为。

原创性的科学研究或知识创新是提出新观点（包括新概念、新思想、新理论、新方法、新发现和新假设）的科学研究活动，并涵盖开辟新的研究领域、以新的视角来重新认识已知事物等。原创性的知识创新与技术创新结合在一起，使人类知识系统不断丰富和完善，认识能力不断提高，产品不断更新。信息通信技术发展引领的管理创新作为信息时代和知识社会科技创新的主题，是当今时代科技创新的重要组成部分，也是新知识、新艺术的一部分，它自身也是电子信息或新概念、新思想、新理论、新方法、新发现和新假设的集成。

科技创新涉及政府、企业、科研院所、高等院校、国际组织、中介服务机构、社会公众等多个主体，包括人才、资金、科技基础、知识产权、制度建设、创新氛围等多个要素，是各创新主体、创新要素交互作用下的一种复杂涌现现象，是一类开放的复杂巨系统。

信息技术引领的现代科技的发展以及经济全球化的进程，进一步推动了管理创新，这既包括宏观管理层面上的创新——制度创新，也包括微观管理层面上的创新。现代科技引领的管理创新无疑是我们所在这个时代创新的主旋律，也是科技创新体系的重要组成部分。知识创新、技术创新、现代科技引领的管理创新之间的协同互动共同演化形成了科技创新。

二、科技创新发展

当今之世，科技创新能力成为国家实力最关键的体现。在经济全球化时代，一个国家具有较强的科技创新能力，就能在世界产业分工链条中处于高端位置，就能创造激活国家经济的新产业，就能拥有重要的自主知识产权而引领社会的发展。总之，科技创新能力是当今社会活力的标志，是国家发展的关节点，提高科技创新能力是世界各国高度关注的重要问题。

科技创新能力的形成是一个过程，需要一定的环境。如果人们自觉而明智地去塑

从工业文明到互联网文明，转变思维才能赚钱

造有利于科技创新的环境，就能激发科技创新的社会潜能，就能缩减从科技创新到产业运用的时间进程。学习各国在科技创新上的经验，无疑是提高上述自觉性很好的方式。

从各国的经验看，科技创新能力的形成有赖于如下因素：

一种良好的文化环境。例如，有一种尊重知识、尊重人才的社会氛围，有热爱科学的社会风气，有百花齐放、百家争鸣、追求真理、实事求是的学术教养和规范，等等。没有一个良好的软环境，就很难形成科技创新能力生长的土壤。

一个较强的基础条件。在科技创新的基础条件中，最重要的是教育体系。中国的传统教育体系偏重于知识传授，厚重有余，活力不足，在某种意义上不利于创造能力的形成。中国的教育在课程设置、教授方式、考评方式等方面均有诸多待兴待革之处。

一种有效的制度支持。国家对自主科技创新的制度支持应是全面而有效的。例如，有效的项目评估和资金支持体系，有利于自主创新的政府采购制度；有明智的产业政策，有合理的知识产权制度，有利于科技创业的社会融资系统，等等。

在人类社会中，做成一件事的条件无非是人、财、物。在三个条件中，人是主体，是最活跃的因素。在科技创新中，人的因素第一，人才第一，体现得更为突出。当然，人的因素并不仅仅指个人的才智，也包括人的社会组织水平。另一方面，有人而无财、物，便是英雄无用武之地，也是做不成事的。因此，所谓科技创新的环境创造，就是让人、财、物能自然地结合、有效地结合，实现一种“人能尽其才，物能尽其用，货能畅其流”的和谐状态。

科技自主创新能力主要是指科技创新支撑经济社会科学发展的能力。近现代世界历史表明，科技创新是现代化的发动机，是一个国家的进步和发展最重要的因素之一。重大原始性科技创新及其引发的技术革命和进步成为产业革命的源头，科技创新能力强盛的国家在世界经济的发展中发挥着主导作用。自然，一项新技术的诞生、发展和应用，最后转化为生产力，离不开观念的引导、支持和制度的保障，可以说，观念创新是建设创新型国家的基础，制度创新是建设创新型国家的保障；但发明一项新技术并转化为生产力，创造出新产品，占领市场取得经济效益，这是只有科技创新才能实现的。随着知识经济时代的到来和经济全球化的加速，国际竞争更加激烈，为了在竞争中赢得主动，依靠科技创新提升国家的综合国力和核心竞争力，建立国家创新体系，走创新型国家发展之路，已成为世界许多国家政府的共同选择。纵观当今世界创新型国家，其共同特征是，科技自主创新成为促进国家发展的主导战略，创新综合指数明显高于其他国家，科技进步贡献率大约都在70%以上，对外技术的依存度都在30%以下（我国的对外技术依存度达50%以上）。因此，科技自主创新方能体现出国家的创新能力，只有不断提升自主创新能力，才能使经济建设和社会发展不断迈上新的台阶，真正实现可持续发展。

从自由贸易的角度来说，科技自主创新是无效率的，但是站在国家角度来说，科技自主创新是维持国家安全和独立的必要手段。

11.3.4 任务总结

中国的发展离不开科学技术的进步，在尖端技术的掌控和创新方面，我国已经建立起坚实的基础，在一些重要领域已经走在世界的前列。但是，我国科技的总体水平同世界先进水平仍有较大的差距，同我国经济社会发展的要求还有许多不相适应的地方。要想迅速提高我国的生产力水平，缩小与发达国家的差距，就必须加快发展科学技术。

如何完善科技创新体制机制

11.3.5 相关知识

科技创新将引领十大千亿级工业产业发展

记者从2019年贵州省科技厅获悉，2019年贵州省科技工作目标是：科技进步贡献率达49.4%，R&D投入强度超过0.9%，万人有效发明专利拥有量超过3件，实现“两个指数”增比进位。

聚焦三大战略行动加大科技供给。推动农村产业革命，落实脱贫攻坚科技支撑十条措施。实施高端化、绿色化、集约化的农业技术榜单。加强动植物优良品种选育，完成贵州种质资源库的论证。加快发酵工程、植物萃取等农产品精深加工技术创新，推动特色优势产业技术突破。组建产业技术服务团队，实现每个500亩约0.33 km^2 以上的坝区、合作社技术团队全覆盖等，推动农村产业革命。推动大数据与实体经济融合。运用大数据技术精准掌握生产基地、种植面积、种植品种等问题，强化农产品质量追溯，开展农产品市场情况动态监测。引进大数据、智能硬件等现代信息技术与装备，组织智能网联汽车、植物萃取等科技重大专项。

培育壮大科技型企业。充分发挥高等院校和科研院所作用，落实企业研发费用加计扣除、“创新券”等创新政策，推动企业建立研发机构和开展创新活动。推进实施独角兽企业“十年百企千亿”培育行动，继续推进“黔灵计划”，加快推动小型商业运载火箭、大型无人运输机、“鹰网”卫星遥感大数据系统、“审批服务便利化”等技术榜单和科技重大专项，依靠科技创新引领十大千亿级工业产业发展。

完善技术转移转化体系。落实和完善科技成果转移转化的政策措施，构建开放式区域创新体系，将市场和政府资源结合起来引导创新，多渠道、多层次推动更多科技成果落地转化。推动各类技术转移资源平台互联互通、开放共享。

优化升级科技支撑条件平台。创建遵义国家高新区，新增2个省级高新区，力争实现省级高新区市州全覆盖。申建国家生物医学大数据基础设施，争创省部共建公共大数据国家重点实验室，推进人体肠道微生物组临床医学研究基地建设，立项建设贵州科学数据中心，建设众创空间、企业孵化器、星创天地等创新创业服务平台。

扩大科技开放合作。加快推动省政府与科技部、中科院等国家部委和大院大所的科技合作，积极争取国家支持。深化厅市（州）会商，共同推动实施一批科技重大专项和技术榜单，破解地方特色优势产业和重点领域发展难题。深化国际科技合作交流。充实科技人才队伍。实施更加有力的人才政策，深入实施“百千万”人才引进计划、高层次创新型人才遴选培养计划，加快培养和引进优秀青年科技人才、高层次创新型人才，重点培养和引进一批符合产业发展需求的领军人才，建设高水平科技创新人才团队。

11.3.6 任务拓展训练

你对于当代的科技发展有什么了解？你认为这种科技发展对于我们的生产劳动有什么意义？对比过去与现在的劳动方式，谈谈科技的发展对我们的劳动有什么影响。

项目小结

历史经验表明，人类文明每一次重大进步都与科学技术的革命性突破密切相关。当今世界，科学技术日益成为经济社会发展的主要驱动力，科学技术迅猛发展，新的科技革命正在孕育和兴起，科技创新和产业发展的相互结合，经济全球化和信息化的交叉发展，为我们带来了必须抓住和用好的机遇。要抓住科技的脚步，完善和落实促进科技成果转化，促进科技和金融结合，加强知识产权创造、运用、保护、管理，加强对科技创新活动和科技成果的法律保护，为科技创新提供有力保障。

拓展提高

本项目学习了工业与科技方面的知识，你认为工业的发展对农业、服务业的发展有什么影响？结合具体的工业产物（如交通工具、生产器械）谈谈工业对其他产业有怎样的影响。

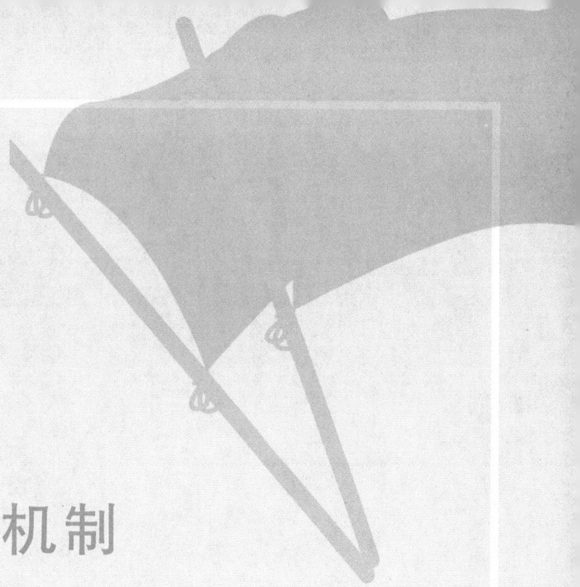

项目十二

建立健全劳动教育安全机制

项目导言

劳动安全是指在生产劳动过程中，防止中毒、车祸、触电、塌陷、爆炸、火灾、坠落、机械外伤等危及劳动者人身安全的事故发生。

项目描述

通过对本项目的学习，学生了解关于劳动安全的基本知识，认识到安全教育在劳动教育中的重要性，培养自己的安全劳动意识，能够运用劳动安全的知识维护自己的权益。某中等职业院校准备开展一场关于“安全劳动伴我行”的主题演讲比赛，如果你是参赛者，你需要具备哪些安全劳动的知识？

教学目标

知识目标：了解关于劳动安全的基本知识

能力目标：能够运用劳动安全知识维护自己的权益

情感目标：了解安全教育在劳动教育中的重要性，培养自己的安全劳动意识

教学任务

任务一　做好劳动安全教育，增强劳动安全意识

任务二　严密组织劳动实践，落实劳动安全责任

任务三　完善劳动安全预案，确保劳动安全有序

建议学时

2 课时

任务一 做好劳动安全教育，增强劳动安全意识

12.1.1 任务描述

21 世纪需要培养自立、创新的人才。对于培养未来人才的全面素质来说，劳动技能素质是必不可缺的。劳动教育是我国基础教育的优秀传统，是素质教育中一个极其重要的方面，对培养学生劳动观念、磨炼学生意志品质、树立学生艰苦创业的精神以及促进学生多方面的发展具有重要作用。如何在新形势下对学生进行切合实际的劳动安全教育，培养他们良好的劳动习惯，增强在劳动教育与实践中的安全意识，更是值得好好探讨的问题。

12.1.2 任务分析

通过一系列的知识性的活动，学生们树立安全意识，从精神上远离安全隐患；加强自身的素质培养，提高学生的安全意识，使学生学会一些自救的方法，让学生在劳动中遇到危险时能采取一定的措施，保护自己。

12.1.3 任务实施

在当前社会不断发展的过程中，劳动安全教育是职业院校教育教学的重点内容，也是职业院校学生知识体系不可缺少的组成之一。积极对学生进行劳动安全教育，能够促进其健康心理的形成，对学生发展也有着十分重要的意义。

职业院校教育担负着培养人才的重任，也肩负着培养学生安全自卫、自救的特殊

使命。学生劳动安全问题心系千家万户，也关系着社会的和谐发展，与国家未来发展有着十分密切的联系。我国各大高校发生的各种触动人心的劳动安全事故，直接反映了学校对学生进行劳动安全教育的迫切性。因为当前学生普遍存在劳动安全意识较弱的问题，所以，职业院校需要积极开展劳动安全教育工作。

一、学校应高度重视劳动教育课安全

校园火灾、踩踏、交通事故频发

职业院校的学生群体思想积极向上，充满热情和朝气，乐于助人，是兼具危机感与使命感的特殊群体。但是由于地域、家庭、社会等环境差异，职业院校的学生有着以下几点特征：

（一）文化课基础薄弱，学习兴趣较低

职业院校的学生文化课程基础普遍较为薄弱，对基础课程学习兴趣较低，使得很多学生不愿参加基础课程学习，进而影响学习积极性和学习效果。基于职业院校专业特征，报考此类院校的学生通常都对技能型专业课程学习感兴趣，对技能型课程自我学习和探索能力以及课堂表现都高于基础课程。

（二）集体观念薄弱，组织纪律性较差

在职业院校中，00 后的学生个性普遍较强，且喜欢自由，对新鲜事物的接受能力、好奇心都十分强烈，但是这一阶段的学生不够独立，很多时候都以自我为中心，不重视他人感受。他们对自己喜欢的事物会积极探索和研究，对不感兴趣的事情会呈现出消极态度，缺乏主动性。另外，他们对集体活动和公益活动都缺少参与热情，旷课、违反纪律的事情经常发生，院校虽然也做出了相应处理，但是他们通常不以为然。

（三）情绪控制力较弱，应变能力差

当前大部分 00 后都是家里的独生子，从小娇生惯养，在遇到问题和困难时，都是父母出面解决，他们独立面对问题、分析问题、解决问题的能力较弱。因此，他们在遇到问题之后的自我判断能力和分析处理问题能力都较弱。学生的社会经验相对较少，遇事好激动，自我情绪管控能力较弱，容易相信别人，这是为其自身安全带来隐患的重要因素。

二、劳动安全是开设劳动教育课的重要保障

（一）设立全员参与的联动机制

院校劳动安全教育是一项系统性工程，在学习过程中需要学校、家庭以及社会共同合作完成，各自担负相应职责。学校在其中起着重要作用，学校需明确院领导、保卫人员、心理咨询教师、辅导员以及班主任等的工作职责和任务，还需要承担起建立

学校、家庭以及社会联动的工作机制。学校通过细心观察和交流等方式了解学生们的想法和动态，经常向家长反馈学生在校表现，如果出现劳动安全风险或已经发生劳动安全事故，需要积极做好心理辅导和相关善后工作，及时与学生家长和相关部门联系，共同面对危机。

（二）构建安全信息快速反馈体系

将劳动安全事故控制在萌芽状态，或者为已经发生的劳动安全事故赢得黄金处理时间，在这一过程中，构建畅通的信息快速反馈体系十分重要。首先需要重视校园劳动安全这一问题，不断加大安全投入，建设多重联防机制，从人防、物防以及技防等多方着手，将传统防卫体系与现代化防卫体系相互融合，借助信息技术与大数据技术构建校园劳动安全管理机制，进而保障大学生们的人身安全。其次构建校际突发事件应急协作体系，及时开展突发事件的应急处理，使得大学生们在不良行为发生时能快速获取信息，快速了解事态情况，以便及时教育和援助大学生们。

（三）树立学生们的劳动安全意识

当前职业院校大学生劳动安全问题频频发生，这与其自身劳动安全意识薄弱有着极大的关系。由于受年龄、文化程度以及家庭背景等多重影响，职业院校学生劳动安全意识薄弱主要表现为自控能力弱、缺乏责任意识等多个方面。想要有效减少院校劳动安全事故的发生率，就需要学生通过感知和思维以及想象等对劳动安全建立准确的认识，对外在安全事物状态进行科学判断，同时对自己的行为进行控制，避免自己受到伤害。另外，职业院校辅导员与班主任还可以从学生做人、做事等细节方面开展劳动安全教育，从不同角度加强学生们的自我防范能力和自我保护能力。在做人方面，要教育学生理性分析自己的为人处事，不贪图便宜，要踏踏实实。在做事方面，要认真分析哪些事情可以做，哪些事情不可以做，加强学生们的法律意识，让其学会用法律武器保护自己，以免受到不必要的伤害。如果发生劳动安全事故，也要学会冷静，及时寻找有效的解决对策或寻求帮助，尽量将事故损失降到最低。

三、保证劳动安全是所有参与者的重要责任

劳动教育课对于学生来讲，虽然只有为期一周的学习实践时间，但是这期间的劳动安全教育也很重要。

（一）学校是学生劳动安全的责任人

教育部《学生伤害事故处理办法》第十一条："学校安排学生参加活动，因提供场地、设备、交通工具、食品及其他消费与服务的经营者，或者学校以外的活动组织者的过错造成的学生伤害事故，有过错的当事人应当依法承担相应的责任。"劳动安全课是学校安排的一项教学活动，学校是提供场地及设备者，学校应对实习学生承担一定的管理和保护义务，如果学校没有尽到相应的义务而导致学生出现安全事故，造成学生的人身伤害，学校应在其过错范围内承担相应的责任。

（二）学生也是劳动期间的责任人

学生在劳动期间也要对自己的劳动安全负有一定责任，要特别重视对劳动技术知识的学习。任何一种繁杂的劳动，都会有方法、技巧问题，学生在劳动中要学得一定

的技术、技巧，发现各种劳动活动中的独特规律，从而长知识，增本领。要严格遵守学校的劳动纪律及操作规范，尽量规避各种风险。

12.1.4 任务总结

热爱劳动是我们必备的品质，维护劳动成果是我们应有的素质，注意劳动安全更是我们学习和生活的保障。校园美化靠大家，劳动光荣人人夸，安全关系你我他，让我们携起手来，用勤劳的双手、智慧的头脑去创造灿烂的明天。

12.1.5 相关知识

什么是劳动安全教育（节选）

为了提高职工的安全生产意识，增强搞好安全生产的责任感和遵章守纪的自觉性，使职工掌握安全生产知识，不断提高安全操作技能，必须经常进行安全教育。

1. 安全生产教育可以提高企业领导和广大职工做好劳动安全工作的责任感和自觉性，贯彻执行党和国家制定的有关安全生产的方针、政策、法规和法令，认真遵守安全生产的规章制度，做到人人重视安全，人人懂得安全。

2. 安全技术知识的普及和提高，使广大职工了解了生产过程中存在的职业危害因素及其作用规律，提高安全技术操作水平，掌握检测技术、控制技术的有关知识，了解预防工伤事故和职业病的基本要求，增强自我保护意识，有利于安全生产的开展、劳动生产率的提高和劳动条件的改善。

安全教育制度包括对新工人三级安全生产教育制度、对特种作业人员的安全生产教育制度，以及对生产管理干部和技术人员安全生产教育制度。坚持经常性的安全教育制度。

参考自：律图整理

12.1.6 任务拓展训练

你经历或目睹过哪些校园突发事故（如某同学突然磕碰）？结合具体的突发事故，谈谈我们应该进行什么样的安全教育，并进一步阐述劳动安全教育的重要性。

任务二　严密组织劳动实践，落实劳动安全责任

12.2.1　任务描述

由于中职院校的学生大多是未成年人，高度重视劳动安全非常必要。学生在劳动中一定要严格按要求进行，不得擅自行动，不能追逐打闹。另外，在拿着劳动工具时不可朝人身上挥舞，以免工具伤害到自己和他人。例如，擦拭电灯、电扇的时候，第一，一定要先关闭电源，以免触电。第二，在借助课桌时，要查看桌子是否牢固。第三，同学协助保护。第四，不能用干抹布擦拭，避免灰尘落到眼睛里面，对眼睛造成伤害。第五，不要徒手接触电扇叶片边缘，以免划伤。

——骆有德《开展中职院校学生劳动及劳动安全教育的探索》

12.2.2　任务分析

通过对课程的讲解，学生在劳动时提高安全意识，知道在劳动时应注意哪些安全问题，严格实施安全劳动组织方案，落实劳动安全责任。

12.2.3　任务实施

一、组织劳动教育安全理论课

劳动教育课程为职业院校学生一年级思想品德公共必修课，由劳动教育理论教学和劳动实践（周）两部分组成，采用理论教学和劳动实践为主的方法，组织教学与实践活动。每名学生必须修完全部课程，并经理论考试及格以上和劳动实践考核评定合格以上，获得课程成绩 60 分及以上计 2 个学分方能毕业。

劳动安全教育在理论授课时，教师要因势利导地多讲解一些典型案例以及与学生身心安全密切相关的案例，利用学校多媒体投影设备进行生动直观的教学，使课堂教学效果得到加深。

二、劳动实践中的安全注意事项

劳动实践是这门课的侧重点，约占总学时的 90%。学生在劳动过程中通常会有一些抵触心理，怎样调动这些学生的劳动积极性是指导教师需要解决的一个难题。通过一段时间的教学实践，在组织校园劳动时，教师要做到以下五点：

（一）分工明确，责任到人

在安排劳动量的时候，要能够使每名学生有具体事做，避免学生稀里糊涂，老师得过且过，最后完不成劳动任务，找不到负责人，致使实践环节不了了之。

（二）妥当布置，知人善任

在布置任务时要对具体人安排适当的任务，避免使力气小的学生做重活。对每一名学生要做到心中有数，布置给他们乐于去做的事，充分调动其劳动的积极性和创造性，吸引那些逃避劳动的人自觉参加劳动。

（三）勤巡回检查，遇到问题及时纠正

要求指导教师及时深入到学生劳动实践中，检查任务完成情况，对没有达标的工作，责其返工，并检查返工的结果，直到合格为止，以达到端正学生劳动敷衍了事态度的教育目的。

（四）奖罚分明，劳动竞赛，充分调动其积极性

大学生有争强好胜的自尊心理，还有较为强的思考能力，抓住这些心理开展劳动竞赛，掌握尺度，实施明确的奖、罚分制度，对其有很大的激励作用。

（五）劳动中的安全教育

这是劳动实践的重点，学生在劳动时要注意使用工具的安全，注意工间休息的人身安全，注意劳动保护和相互配合。

12.2.4 任务总结

劳动技术课必须确保学生的安全。劳动技术课的主要教学方式是让学生动手操作，操作过程中涉及的材料、工具、设备等都带有不安全因素。因此，要规定各个项目的操作程序和安全规程，并制定必要的安全检查制度与措施。劳动技术课应切实对学生进行安全教育，要求学生树立劳动安全意识、自我保护意识和环境保护意识；学会正确使用工具、设备，自觉穿戴必需的劳动保护用品；养成严格遵守劳动纪律、自觉执行规章制度的良好习惯。

12.2.5 相关知识

校内劳动安全注意事项

学校在组织学生劳动时，一定要注意学生的安全，尽可能地考虑周到，避免发生事故。

一、要遵守劳动纪律

1. 合理分组，以小组为单位，实行岗位责任制。

2. 上手工课时，要将小刀、剪子、钉子等尖锐物放在固定的位置，按照教学的要求使用。

3. 值日、扫除时，不能用扫除工具打闹。

4. 擦门窗时要站稳，扶好。如果是平房，用来登高的桌椅要结实，要有人保护。

如果是楼房，不要站在二层楼及以上楼层窗台外边擦。

5. 擦灯管或灯泡时，要先断开电源。

6. 需要带劳动工具时（铁锹、铁铲等），在路上不要拿工具追跑打闹。所带工具不要扛在肩上，以免碰伤别人，要手握工具把儿，使工具尖锐的一端朝下。

7. 劳动中，如果发现问题，要及时找老师解决。

二、要量力而行

所谓“量力而行”，就是根据自己的身体情况参加一定的劳动。

1. 身体不舒服，有病或有慢性病时，不要勉强参加劳动。

2. 病刚好时，不要勉强参加劳动。

3. 劳动量过大时，不要勉强参加劳动。

4. 劳动时，不要逞强，不要和别人攀比。

三、不参加对身体有害的劳动

1. 在农村劳动时，要注意不参加喷洒农药、杀虫剂、除草剂等与有毒药品接触的劳动。

2. 不在烈日或严寒的天气劳动。

3. 不到高温或容易造成伤害的工厂劳动。

4. 不参加高空作业、地下施工或矿山等劳动。

5. 不参加夜间劳动。

12.2.6　任务拓展训练

总结一次你经历过的劳动实践，或实际进行一次劳动实践，谈谈在实践过程中有哪些安全隐患，回忆在劳动实践的过程中是否做了安全方面的防备工作，以及有哪些方面可以改进。开展主题班会，分享所得。

任务三　完善劳动安全预案，确保劳动安全有序

12.3.1　任务描述

要熟悉劳动课安全预案。安全工作是重中之重，应放在首位，千万马虎不得，在加强日常安全教育与督查的基础上，做好事故应急准备，一旦发生事故，应果断地采取有效措施，尽量把事故产生的危害降到最低程度。

12.3.2 任务分析

为及时有效地防范和处置劳动安全事件，认真贯彻“安全第一，预防为主”的方针，结合实际情况，需要制订、完善劳动安全预案，对劳动安全事件做到统一领导、分级管理、落实措施、及时排危抢险，最大限度地减少劳动事件造成的危害、损失及其他不良影响。

12.3.3 任务实施

一、熟悉预案

（一）事故发生时的应急措施

1. 快速行动，果断处理

当参加劳动实践的学生突然出现安全事故时，作为辅导员或班主任一旦接到信息，应立即行动。如伤者还在事故现场，马上在第一时间赶到事故现场，根据事故性质的大小、伤者的伤势情况果断采取措施，伤者严重的要马上送医院救治；如伤者已在医院，辅导员或班主任接到消息后，要马上赶往医院看望伤者，同时做好安慰学生及家长的工作，尽量取得学生与家长的谅解。

2. 及时汇报

接到安全事故信息时，应尽快向学校汇报，快速采取对策，为学校在以后事故处理时争取主动地位。

3. 在事故基本得到控制后，及时向保险公司报案。报告学生安全事故的发生经过，记录报案时间和报案编码。

（二）事故发生后分析事故原因

1. 辅导员或班主任亲临现场，详细了解事故发生的经过。

2. 根据事故的性质，学校派出相关人员对现象进行拍照，采访知情者，并做详细记录。

3. 分析事故发生的原因是人为原因，还是其他客观原因；是意外突发事故，还是由于学生操作不规范或其他安全隐患所引起的。

4. 辅导员或班主任写好事故分析报告，及时上交学校，并提出合理化建议。

5. 认真总结事故教训，加强安全防范。

（三）稳妥处理事故的善后工作

1. 受伤学生住院期间，校领导要常去看望伤者，解决其各方面的困难，避免伤者家长对学校产生不满的情绪。

2. 根据事故的大小，决定是否向学校申请派出专门的事故处理小组，与有关部门一起协调处理善后工作。

3. 积极帮助受伤学生办理人身保险的报销工作。

4. 如伤者确实比较困难，应主动做好给伤者捐资的组织工作。

二、必要时及时启动预案

加强危机管理是摆在学校面前的一项重要的任务。危机虽然不可避免，但是可以管理，师生具备危机意识和自救互救能力，可以减少危机的发生，积极的危机应对可将危机造成的损失降到最低。

（一）应急预案和应急演练一定要突出实用

1. 预案编制和修订要简明实用

突发事件应急预案是应对突发事件和开展应急管理工作的重要指导文件，关系着突发事件应急处置的成败。

一方面，突发事件应急预案编制和修订的重点要放在“简明实用”上，编制简明实用手册。另一方面，各级领导干部、部门工作人员要认真学习、掌握应急预案，特别是与自己有关的应急预案，一旦发生突发事件能快速有效应对。

2. “平战结合”，狠抓应急演练，通过演练提升应急实战能力

（二）务必加强应急值守和信息报送

1. 建立健全应急值守值班体系，做到岗责一体、有急能应

2. 狠抓应急信息报送工作，做到主动上报、及时上报

3. 对突发事件的应急处置要做到及时、妥善、有力、有效

（1）必须及时报告信息

突发事件发生之后，要第一时间上报，为学校和领导应对处置赢得时间。

（2）必须做好先期处置

（3）及时启动应急预案

（4）相关领导要及时到场

（5）形成合力

（6）应急保障要有力、不惜代价

（7）充分听取意见、建议

（8）善后处理要稳妥

12.3.4　任务总结

劳动安全事件发生后，现场应急处置小组要立即上报应急处置领导小组，根据领导小组组长指令，启动本应急预案，奔赴事发现场，迅速有序地展开救援工作，并保留、维持好现场。报告时限不得超过事发后 15 分钟，报告内容包括：事件发生的时间、地点、事件类别、事故原因、目前状况、后果估计、影响范围和已采取的应急措施、报告人姓名、联系电话等，并随时报告事件后续的发展和处置情况，做好相关记录上报公司领导及办公室，不得迟报、谎报、瞒报和漏报。在救援过程中要注意事发现场的保护及相关人员的安抚工作。

12.3.5 相关知识

处理实习实践活动安全问题的措施

一、明确在实践活动中各方主体的责任

1. 学校应该担负起引导、管理、教育的责任，加强实习

实践活动安全性的学习，要让学生重视在操作过程中可能遇到的问题，要明确告诉家长学生参加实习实践活动的意义与重要性，要与企业做好沟通，保持联系，规范企业对学生实习实践工作安排的行为。

2. 指导教师要有责任心，要关心关注学生，要注意了解学生的情绪变化。对于学生来说，生产式的实习实践是一个比较陌生的范畴，容易在最初的新鲜感后出现疲惫、厌倦等问题，而这也是导致安全事件发生的重要缘由之一。这时，相关的指导教师一定要做好辅导工作。

3. 企业也应该担负相关的责任，在学生上岗位之前要做好相关的培训工作，告诉学生在操作过程中的每一个细节，必须指导学生规范操作，注意每一个安全事项。

4. 学生实习实践期间，家长应该理解学生为何要参加实习实践，要了解学生在实践活动中能够获得什么样的进步，要支持学生参加这样的实践活动。

5. 社会应该理性看待学生参加实习实践，要考虑到这种实践活动对学生掌握相关技能的意义，即使出了安全事故，也应理性分析事件发生的原因，了解事件过程，而不是片面地直接认定责任方就是学校或企业，或是有意无意地引导公众朝着对学校或企业不利的方面去思考，这样的话将极大打击学校和企业对开展学生实习实践活动的积极性。

二、寻找相关法律、法规依据

必须尽快完善相关的法律法规，应该尽快制定有关校园、综合实践活动的法律法规，应该明确对于安全事故中各方主体应当承担的责任，保障各方的权益。加强学校与企业对学生实习实践实践活动的规范与约束，建立合理的事故解决机制与理性的赔偿制度。有了法律法规的依据不仅可以降低事故发生频率，还能降低学校和家长之间、学校与企业之间、企业与家长之间的不信任度，实习实践式的综合实践活动才能够更好的开展。

三、学校与企业联合设立“实习实践安全事故风险基金”

虽然学生在企业实习实践，但学校与学生之间依然是一种教育、管理和保护的关系，学校依然担负着对学生进行安全教育、管理和保护的职责，并不能因为学生没有在校园里就无视这种职责的存在。

设立实习实践安全事故风险基金，明确学校与企业在学生安全事故中的过错责任，有利于学校、学生的双向保护，也有利于学校与企业间的合作行为，为学生参与实习实践活动提供更好的平台。

四、理性宣传，争取社会参与

每一项活动，不论事先防范工作多么到位，依然会存在不安全的因素，特别是学生个性充满不定性，做事易冲动，在参与活动的过程中更加容易发生安全事故。

法律法规、风险基金的制定可以解决经济纠纷、法律责任，但活动中的责任划分却远远不止这些，情感、价值观方面的责任更加难以划分，理解、宽容便成了解决此类问题的更好办法。特别是在活动实施的过程中，如果能够让社会与家长参与进来，帮助他们理解活动过程中容易出现的问题与困难，能够更好地达到换位思考、理解对方的效果。

五、做好活动情境的安全规划

由于实习实践活动一般是在校外进行，与社会的接触密切，从而使活动情境充满更多的不确定性和复杂性，而这些也是实习实践活动中安全问题的主要缘由。在这种情况下，学校必须充分考虑到这些不确定性和复杂性引起的安全性问题，做好与家长的沟通，与家长一起做好安全教育工作。企业也必须意识到安全教育的重要性，及时指导教育学生注意实践活动中存在的安全问题。安全教育不仅是学校的事，也是家庭教育的重要部分，同样，企业安全教育也必须做好，尽量避免安全事故的发生。

实习实践活动对学生将理论知识转化为基本技能有非常大的帮助作用，能够让学生养成良好的工作习惯，能够让学生毕业后迅速投入工作岗位中去。但是在实践活动期间一定要注意安全，意识到安全的重要性。实践活动中的各方主体要给学生提供一个良好的实践平台，做好各方面的应对措施，做好保障工作，从容面对实习实践活动中出现的安全性问题。

参考自：《中职学生实习实践活动中的安全性问题探讨》

12.3.6 任务拓展训练

在本书之前所学的内容中，我们学习过在各个地点的劳动实践技能知识，包括校园实践和社会实践等。请选择其一作为劳动场景，针对在该场景下可能发生的事故选取其一写一份安全预案，包括人员分配、事前准备、事后处理等内容。

劳动教育安全动画：
劳动者可以说不

项目小结

劳动安全教育是劳动事故预防与控制的重要手段之一。根据事故致因理论，要想控制事故，首先是通过技术手段（如报警装置等）、通过某种信息交流方式告知人们危险的存在或发生；其次是要求人在感知到有关信息后，正确理解信息的意义，即何种危险发生或存在，该危险对人会有何种伤害，以及有无必要采取措施和应采取何种应对措施等。而上述过程中有关人对信息的理解认识和反应的部分均是通过安全教育的手段实现的。

拓展提高

关于劳动安全的知识不仅关系到我们在校园中的劳动实践，还与我们将来的工作息息相关。请结合你将来打算从事的工作，谈谈在将来的工作中可能出现哪些突发事故（如火灾、磕碰、同事突发病症等），设想怎样运用本项目学习的内容应对这些突发事故。

参考文献

[1] 刘向兵. 新时代高校劳动教育论纲[M]. 北京：社会科学文献出版社，2019.

[2] 何卫华，林峰. 大学生劳动教育理论与实践教程[M]. 厦门：厦门大学出版社，2019.

[3] 郭海龙. 研究生劳动价值观教育研究[M]. 成都：西南交通大学出版社，2018.

[4] 李珂. 嬗变与审视：劳动教育的历史逻辑与现实重构[M]. 北京：社会科学文献出版社，2019.

[5] 曹顺妮. 工匠精神：开启中国精造时代[M]. 北京：机械工业出版社，2016.

[6] 陈小尘. 工匠精神融入职业院校学生职业观的困境与突破[J]. 高等教育改革论坛. 2010(10).

[7] 金银琴. 工匠精神融入高职院校校园文化建设的路径探析[J]. 教育教学论坛，2020(22).

[8] 刘阳月. 浅析中国古代生产与教育结合的方式对现今大学生劳动教育的启示[J]. 市场周刊・理论版，2018(18).

[9] 季欣. 刍议三全育人指导下的研究生以劳育德体系构建[J]. 高教论坛，2020(05).

[10] 陈洁. 我国劳动教育的价值缺失与重塑之路研究[J]. 教育理论，2020(15).

[11] 杨静娟. 区域推进新时代劳动教育"五关注"[J]. 教学与管理，2020(5).

[12] 周潞. 不忘育人初心，谱写劳动教育新篇章：重庆市探索劳动教育立体新模式[J]. 教育与装备研究，2020(05).

[13] 贾玉凤. 高职学生工匠精神培育研究：以×学院为例[D]. 河北：河北师范大学，2019.

[14] 邓玉菲. 中国传统工匠精神及其当代继承[D]. 山东：曲阜师范大学，2019.